# As Crianças Cristal

*Um guia para a mais nova geração de crianças sensíveis e psíquicas*

Doreen Virtue

# As CRIANÇAS CRISTAL

*Um guia para a mais nova geração de crianças sensíveis e psíquicas*

Tradução:
Patrícia Arnaud

MADRAS®

Publicado originalmente em inglês sob o título *The Cristal Children*, por Hay House, USA, Inc.
© 2003, Doreen Virtue.
Direitos de edição e tradução para o Brasil.
Tradução autorizada do inglês.
© 2016, Madras Editora Ltda.

*Editor:*
Wagner Veneziani Costa

*Produção e Capa:*
Equipe Técnica Madras

*Tradução:*
Patrícia Arnaud

*Revisão da tradução:*
Marcelo Albuquerque

*Revisão:*
Jerônimo Feitosa
Arlete Genari

---

**Dados Internacionais de Catalogação na Publicação (CIP)**
**(Câmara Brasileira do Livro, SP, Brasil)**

Virtue, Doreen
As crianças cristal: um guia para a mais nova geração de crianças sensíveis e psíquicas/Doreen Virtue; [tradução Patrícia Arnaud]. – São Paulo: Madras, 2016.
Título original: The crystal children.
ISBN 978-85-370-0739-6

1. Crianças – Aptidão psíquica 2. Crianças – Comportamento 3. Espiritualidade 4. Evolução humana 5. Instinto 6. Parapsicologia 7. Sensibilidade I. Título.

11-12935     CDD-133.8083

Índices para catálogo sistemático:
1. Crianças cristal: Talentos e dons psíquicos:
Fenômenos psíquicos: Parapsicologia
133.8083

---

É proibida a reprodução total ou parcial desta obra, de qualquer forma ou por qualquer meio eletrônico, mecânico, inclusive por meio de processos xerográficos, incluindo ainda o uso da internet, sem a permissão expressa da Madras Editora, na pessoa de seu editor (Lei nº 9.610, de 19.2.98).

Todos os direitos desta edição, em língua portuguesa, reservados pela

**MADRAS EDITORA LTDA.**
Rua Paulo Gonçalves, 88 — Santana
CEP: 02403-020 — São Paulo/SP
Caixa Postal: 12183 — CEP: 02013-970
Tel.: (11) 2281-5555 — Fax: (11) 2959-3090
**www.madras.com.br**

*Para as Crianças Cristal,
seus pais, avós e professores.
Obrigada por serem anjos
na Terra e ajudar a todos nós!*

Observe que todas as histórias neste livro são verdadeiras, tais como apresentadas pelos pais, avós e professores que trabalham com essas crianças extraordinárias. Alguns colaboradores preferiram permanecer anônimos, enquanto outros deram permissão para que seus nomes verdadeiros aparecessem nas histórias. (As contribuições foram editadas para orientação e compreensão.)

A autora deste livro não dispensa o conselho médico ou prescrever o uso de qualquer técnica como uma forma de tratamento para problemas físicos ou médicos sem o aconselhamento de um médico, direta ou indiretamente. A intenção da autora é apenas para oferecer informações de carácter geral para ajudá-lo na sua busca de equilíbrio emocional e bem-estar espiritual. No caso de você usar qualquer uma das informações contidas neste livro por si mesmo, que é o seu direito constitucional, a autora e a editora não assumem responsabilidade por suas ações.

# ÍNDICE

**Introdução: Quem são as Crianças Cristal?** .... 11
   Crianças da virada do milênio .......................... 14
   Dons mal compreendidos.................................. 15
   O como e o porquê deste livro ......................... 19

**Capítulo 1: No Útero**............................................. 25
   Dar à Luz ............................................................ 28

**Capítulo 2: Ah, Aqueles Olhos!** ......................... 31
   Personalidades magnéticas................................ 34

**Capítulo 3: Fala Tardia, Telepatia e Transes** .... 37
   Comunicação telepática .................................... 46
   Entrar em transe ................................................ 50

**Capítulo 4: Um Alto Grau de Sensibilidade** .... 53
   Sensível às energias do mundo ........................ 54
   A natureza da sensibilidade .............................. 57
   Corpos sensíveis ................................................ 59
   Aparentemente inatingíveis .............................. 61
   Sem medo .......................................................... 62
   Instintos Naturais .............................................. 65

**Capítulo 5: Curadores Natos**............................ 67
   Curadora infantil ................................................ 67
   Ensinadas pelos anjos ........................................ 68
   Um menino cura seu cachorro ......................... 69
   Ela cura sua mãe e a si mesma ........................ 70
   Fé absoluta ........................................................... 71
   Conforto propiciado pelas Crianças Cristal ..... 72

**Capítulo 6: Crianças Espirituais,
Crianças Mágicas**.................................................. 75
   Energia da Lua ..................................................... 76
   Habilidades mágicas ........................................... 78
   Uma visita da alma ............................................. 81

**Capítulo 7: Conexão com a Natureza,
Animais e Pedras**................................................... 83
   Amigos de quatro patas ..................................... 84
   Empatia pela natureza ........................................ 86
   Grandes espaços ao ar livre .............................. 88
   Crianças Cristal e as pedras .............................. 90
   Algumas orientações sobre cristal ................... 96
   Natureza divina .................................................... 99

**Capítulo 8: Anjos e Amigos Invisíveis** ............. 101
   Crianças psíquicas, pais psíquicos ................. 105
   Amigos invisíveis ............................................... 106
   Memórias de vidas passadas .......................... 108

**Capítulo 9: Dom para Música,
Artes e Entretenimento** ..................................... 111
   Músicas no coração .......................................... 111
   Artistas criativos ................................................ 113
   Florescendo atores de teatro .......................... 114

**Capítulo 10: Bebês Anjos** ................................... 117

**Capítulo 11: Comer, Dormir e Ser Exigente** .... 123
    Dieta e as Crianças Cristal ............................. 124
    Padrões de sono ............................................... 128
    Treinamento do penico .................................... 132
    Meticulosa ou superorganizada? ..................... 133
    Criando seu tempo .......................................... 136
    Ligação profunda e a necessidade de atenção ...... 137

**Capítulo 12: Conselho de Pais, Professores
e das Próprias Crianças Cristal** ....................... 139

*Introdução*

# QUEM SÃO AS CRIANÇAS CRISTAL?

A primeira coisa que se nota nas Crianças Cristal são os olhos – grandes, penetrantes, e com sabedoria muito além da idade. Seus olhos se fixam nos nossos hipnoticamente, enquanto nossa alma é desnudada para que essas crianças enxerguem a verdade.

Talvez você já tenha encontrado essa nova "raça" especial de crianças que está povoando, com rapidez, nosso planeta. Elas são alegres, encantadoras e costumam perdoar. Esses novos trabalhadores da luz, com idade aproximada entre recém-nascido e 7 anos, são diferentes das gerações anteriores. Ideais em muitos aspectos, eles apontam para onde a humanidade está direcionada... e essa é uma direção positiva!

As crianças mais velhas (com idades que variam entre 7 e 25 anos), chamadas "Crianças Índigo," compartilham algumas características com as Crianças Cristal. Ambas as gerações são extremamente sensíveis e psíquicas, além de ter importantes propósitos de vida. A principal diferença entre elas é o temperamento. Os Índigos têm um espírito guerreiro, visto que seu propósito coletivo é destruir as velhas abordagens que não nos servem mais. Eles estão aqui para romper com os sistemas legal, educacional e governamental que carecem de integridade. Para alcançar esse objetivo, é preciso que tenham temperamento forte e determinação impetuosa.

Os adultos que resistem a mudanças e são conformistas podem não compreender os Índigos. Eles são, muitas vezes, rotulados de forma indevida com diagnósticos psiquiátricos de Transtorno do Déficit de Atenção e Hiperatividade (TDAH) ou de Transtorno do Déficit de Atenção (TDA). Infelizmente, quando são medicados, os Índigos perdem, com frequência, sua bela sensibilidade, seus dons espirituais e sua energia guerreira. Escrevi bastante sobre os Índigos em meu livro *The Care and Feeding of Indigo Children* e o assunto foi explorado, de forma minuciosa, no livro *As Crianças Índigo*, escrito por Lee Carroll e Jan Tober (ambos publicados pela Hay House).

Em contrapartida, as Crianças Cristal são felizes e de temperamento estável. É claro que, ocasionalmente, elas podem ter seus ataques de birra, mas essas crianças são bastante misericordiosas e tranquilas. As Crianças Cristal formam a geração que se beneficia do caminho aberto pelas Crianças Índigo.

Primeiro, as Crianças Índigo saem na frente com um facão, cortando tudo o que carece de integridade. Depois, as Crianças Cristal seguem a trilha limpa em direção a um mundo mais seguro e protegido. Os termos Índigo e Cristal foram dados a essas duas gerações porque descrevem as cores de suas auras e seus padrões de energia de forma mais precisa. As Crianças Índigo possuem bastante azul-índigo em suas auras. Essa é a cor do "chacra do terceiro olho", que é um centro de energia dentro da cabeça, localizado entre as duas sobrancelhas. Esse chacra controla a clarividência, ou a habilidade para ver a energia, visões e espíritos. Muitas das Crianças Índigo têm esse dom.

As Crianças Cristal têm belas auras opalescentes multicoloridas em tons pastel, parecidas com o efeito dos reflexos de um prisma de cristal quartzo. Essa geração também nutre um fascínio por cristais e pedras, conforme você poderá encontrar mais à frente neste livro. Daí o nome "Crianças Cristal".

As características das Crianças Cristal são as seguintes:

- Em geral, são nascidas em 1995 ou depois
- Possuem olhos grandes com olhar intenso
- Têm personalidades magnéticas
- São muito afetuosas
- Começam a falar tardiamente na infância
- São crianças voltadas para a música, e podem até cantar antes mesmo de falar
- Usam telepatia e linguagem de sinais que elas mesmas inventam para se comunicar
- Podem ser diagnosticadas com autismo ou Síndrome de Asperger

- São de temperamento estável, amáveis e carinhosas
- Perdoam os outros
- São altamente sensíveis e empáticas
- São muito conectadas à natureza e aos animais
- Exibem habilidades de cura
- Demonstram grande interesse em cristais e pedras
- Discutem sobre anjos, guias espirituais e memórias de vidas passadas, com muita frequência
- São extremamente artísticas e criativas
- Preferem refeições vegetarianas e sucos a "comida normal"
- Podem ser exploradoras destemidas e alpinistas, com um incrível senso de equilíbrio

## *Crianças da virada do milênio*

Era o ano de 1995, um momento em que muitos de nós sentíamos uma inquietação que corroia o estômago. Na esteira de uma década um tanto materialista como os anos 1980, buscávamos um propósito e caminhos que viessem a contribuir para o bem-estar do mundo. Era o começo de um novo renascimento espiritual, à medida que fomos aprendendo a olhar para dentro de nós mesmos em busca de respostas e realizações.

Muitos indivíduos tiveram experiências espirituais profundas, em 1995. Eu deveria saber, pois foi em 15 de Julho de 1995 que a voz alta e estrondosa de um anjo me ajudou a escapar ilesa de uma tentativa de sequestro à mão armada.* Desde aquela experiência, dedico minha vida ao ensinamento da espiritualidade. Conheci inúmeras pessoas que também tiveram alertas importantes naquele ano.

Não é de admirar, então, que as Crianças Cristal tenham começado a chegar naquele momento. Elas sabiam que os adultos estavam, afinal, prontos para as vibrações mais intensas das crianças, além de seu modo de vida mais puro. Já existiam no planeta algumas Crianças Cristal com mais idade. Elas eram as observadoras – a primeira geração de Crianças Cristal que veio para verificar a situação, com o intuito de relatar as mensagens em casa durante as transmissões de sonho. As primeiras Crianças Cristal sinalizaram que 1995 era o ano em que o caminho estava livre para a introdução de uma grande quantidade de bebês de alto nível.

O número de nascimento de Crianças Cristal continua ascendente. E a safra de Crianças Cristal recém-nascidas, a cada ano, releva habilidades espirituais cada vez mais profundas.

## *Dons mal compreendidos*

Conforme o que já foi dito, a geração anterior à das Crianças Cristal, que lhes abriu o caminho, é referida como a geração das Crianças Índigo. Um dos dons espirituais dessas crianças é sua capacidade de

---

* N.E.: A autora detalha essa história na obra *Manual da Terapia dos Anjos*, de sua autoria, publicada também pela Madras Editora.

farejar desonestidade, da mesma forma que um cachorro sente o medo nos outros. As Crianças Índigo *sabem* quando os outros estão mentindo, ou querendo comprá-las ou manipulá-las. E, uma vez que o seu propósito coletivo é introduzir um novo mundo baseado na integridade, os detectores de mentiras das Crianças Índigo funcionam em tempo integral. Mais uma vez, esse espírito guerreiro ameaça alguns adultos. Além disso, as Crianças Índigo são incapazes de se conformar com situações disfuncionais em casa, no trabalho, na escola. Eles não têm a capacidade de se desassociar de seus sentimento e fingir que tudo está bem...a menos que elas sejam medicadas ou sedadas.

Os dons espirituais natos das Crianças Cristal também são mal compreendidos – em específico suas habilidades telepáticas que, muitas vezes, fazem com que elas comecem a falar muito tempo depois da maioria das outras crianças.

No novo mundo que as Crianças Índigo introduzem, seremos muito mais conscientes dos nossos pensamentos e sentimentos intuitivos, e não dependeremos tanto da palavra falada ou escrita. A comunicação será mais rápida, direta e honesta, pois será de mente para mente. Muitos de nós já estão entrando em contato com suas habilidades psíquicas. Nosso interesse pelo paranormal está em alta e é estimulado por livros, shows de televisão e filmes sobre o tema.

Por isso, não surpreende o fato de a geração seguinte à das Crianças Índigo ser bastante telepática. Conforme mencionado acima, muitas das Crianças

Cristal retardam os padrões de fala, e não é incomum que esperem até 3 ou 4 anos de idade para começar a falar. E os pais não têm dificuldade em se comunicar com suas crianças silenciosas. Longe disso! Os pais se empenham em uma comunicação mente a mente com suas Crianças Cristal e, elas, por sua vez, usam uma combinação de telepatia, linguagem própria de sinais e sons (incluindo música) para se fazer entender.

O problema surge quando as Crianças Cristal são julgadas por médicos e educadores como tendo padrões de fala "anormais". Não se trata de coincidência o aumento do número de diagnósticos de autismo, à medida que aumenta o número de Crianças Cristal nascidas.

É verdade que as Crianças Cristal são diferentes das outras gerações. Mas, por que estabelecer patologias para essas diferenças? Se as crianças estão se comunicando com sucesso em casa e se os pais não veem nada de errado... então por que criar problema onde não existe?

O critério para o diagnóstico do autismo é muito claro. O autista vive em seu próprio mundo e está desconectado das outras pessoas. Ele não fala por falta de interesse em se comunicar com os outros.

As Crianças Cristal são o oposto. Como veremos mais tarde, elas estão entre as mais bem relacionadas, comunicativas, cuidadosas e carinhosas de qualquer geração. Também são filosóficas, têm dons espirituais e demonstram um nível de bondade e sensibilidade sem precedentes. Por exemplo, recebi tantas histórias sobre Crianças Cristal que abraçam de maneira espontânea pessoas necessitadas, que mal poderiam caber neste livro. Um autista não faria isso!

Há muitas passagens sobre grandes figuras históricas que começaram a falar mais tarde, Albert Einstein está entre os mais famosos. A irmã dele, Maja, notou que seu brilhante irmão não tinha começado a falar até bem depois dos 2 anos. De acordo com o *U.S. News & World Report* (9 de dezembro de 2002), a primeira frase pronunciada por Einstein foi para reclamar de seu leite que estava quente demais. Seus pais ficaram chocados e perguntaram o porquê de ele não ter falado até então. "Porque", o pequeno gênio supostamente respondeu, "até o momento estava tudo em ordem".

Em meu livro *The Care and Feeding of Indigo Children*, escrevi que o TDAH deveria significar "Atenção sintonizada dentro de uma Dimensão Superior". O que descreveria, de forma mais precisa, essa geração de crianças. Na mesma linha de raciocínio, as Crianças Cristal não se encaixam no rótulo do autismo. Elas não são autistas, elas são admiráveis!

É isso mesmo. Essas crianças são dignas de admiração e não de rótulos de disfunção. Se alguém é disfuncional, a culpa é dos sistemas que não proveem a evolução contínua da espécie humana. Ao envergonhar essas crianças com rótulos, ou medicá-las com o objetivo de torná-las submissas, propiciaremos o enfraquecimento de uma dádiva vinda dos céus e a pulverização de uma civilização antes mesmo que ela finque suas raízes. Felizmente, existem muitas alternativas e soluções positivas.

E o mesmo céu que nos enviou as Crianças Cristal pode nos ajudar a defendê-las.

## O como e o porquê deste livro

A primeira vez que tomei conhecimento das Crianças Cristal foi quando viajei ao redor do mundo para dar *workshops* sobre anjos. Foi aí que notei os olhos e a personalidade magnética das Crianças Cristal. Mantive conversas mentais com elas e pude ouvir, de forma telepática e clara, suas respostas às minhas perguntas. Eu as vi sorrir em resposta aos meus cumprimentos transmitidos mentalmente. *Essas crianças ouviram meus pensamentos!* Eu tive essa consciência.

Ao longo dos anos seguintes, entrevistei crianças e pais para o livro *The Care and Feeding of Indigo Children*. Sempre fui fascinada por desvendar padrões no comportamento humano. Apesar de todos sermos tão únicos como cada floco de neve, os próprios flocos têm aspectos em comum. Em relação às Crianças Índigo, observei os traços característicos que já descrevi. Com as Crianças Cristal, minha pesquisa tomou proporções ainda mais interessantes.

Durante esse período, recebi cinco ou seis leituras psíquicas não solicitadas de estudantes e associados psíquicos, nas quais eles me diziam a mesma coisa: viam que eu estava grávida de uma criança muito especial. Bem, eu com certeza não estava grávida. Entretanto, agora sei que meus amigos psíquicos estavam vendo as Crianças Cristal à minha volta. Essas Crianças Cristal estavam me mandando mensagens pedindo que fossem incluídas neste livro.

Vi-me apaixonada por todas as jovens Crianças Cristal que encontrei. Seus corações eram tão abertos e cheios de amor quanto os de qualquer anjo com quem eu tenha interagido. Descobri que eram desarmadas e despretensiosas. Eu ia dormir pensando nas crianças e acordava com volumes de informações enviadas pelo mundo espiritual (talvez pelas próprias Crianças Cristal?), enquanto eu dormia.

A cada manhã, eu acordava sabendo um pouco mais sobre as Crianças Cristal do que já sabia na noite anterior! Comecei a fazer palestras sobre as Crianças Cristal e me deparei com um público muito receptivo. Muitos deles eram pais, avós ou professores desses jovens especiais. Eles reconheceram, de imediato, as características de suas crianças, à medida que eu as descrevia.

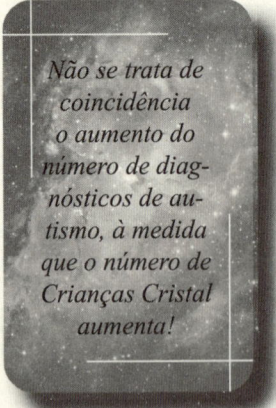

*Não se trata de coincidência o aumento do número de diagnósticos de autismo, à medida que o número de Crianças Cristal aumenta!*

Solicitei aos membros da plateia, e aos assinantes do meu boletim informativo, que preenchessem um questionário sobre suas Crianças Cristal. No dia seguinte, recebi centenas de respostas. Para este livro, revi várias das histórias apresentadas por pessoas que educam e ensinam essas crianças extraordinárias.

Enquanto eu revisava os resultados do levantamento, aconteceram duas coisas. Primeiro, senti meu coração inflar de amor e gratidão. Só o fato de ler as histórias me fez sentir como se estivesse na presença de anjos poderosos! Tive uma sensação de êxtase quando reconheci a presença dessas crianças surpreendentes em nosso planeta. Também me senti reanimada em relação ao nosso futuro coletivo. Deus não teria enviado essa raça especial de seres humanos para a Terra, se estivéssemos em nossos últimos momentos como civilização ou planeta. Assim como os seres humanos evoluíram dos macacos, as Crianças Cristal fornecem evidências concretas de que estamos progredindo a partir de um ponto de vista evolutivo.

Em segundo lugar, encontrei padrões evidentes, poderia até dizer cristais claros, entre as pessoas que responderam o questionário. Li dezenas de histórias semelhantes sobre as Crianças Cristal e suas relações com animais, plantas, pedras e com os idosos, por exemplo. Debrucei-me sobre muitas histórias com relatos misteriosamente similares sobre crianças que se comunicam de forma telepática com seus pais... ao mesmo tempo em que desprezam a comunicação verbal.

Muitos pais me disseram: "As descrições associadas às Crianças Índigo não condizem com as características do meu filho. Mas o perfil da Criança Cristal se encaixa perfeitamente!".

A maioria dos pais relatou um relacionamento feliz com suas Crianças Cristal, com muito poucos problemas. Ouvi pais e avós por todo o mundo que descrevem suas Crianças Cristal como "anjos", "os amores da minha vida," "verdadeiras alegrias", e assim por diante.

Observei que não apenas as Crianças Cristal eram sensíveis espiritualmente, mas seus pais também. É óbvio que as almas das Crianças Cristal selecionaram mães e pais que poderiam educá-las em um ambiente estimulado de forma espiritual. Em algumas ocasiões, deparei-me com crianças que vieram por intermédio de pais sem consciência espiritual. Nesses casos, seus avós eram trabalhadores da luz muito evoluídos que ajudaram a proteger e a aperfeiçoar os dons e a sabedoria espiritual das crianças. Muitos dos pais me contaram que suas Crianças Cristal agiam como verdadeiros professores espirituais aptos, ensinando-os sobre como ser bastante amáveis e gentis.

Um dia, fiz uma palestra sobre Crianças Cristal em Sydney, na Austrália. Durante o intervalo, no meio do dia, Reid Tracy, presidente da editora Hay House (que estava lá para vender meus outros livros), perguntou-me: "Que livro é esse que está todo mundo me perguntando? Todos querem comprar um livro sobre Crianças Cristal".

Sorri e disse a ele que não existia ainda o tal livro. Eu estava apenas relatando os dados que havia coletado nas entrevistas e por meio de minhas próprias canalizações. Reid comentou: "Bem, é óbvio que eles querem o livro. Você vai escrever esse livro?" Sem hesitar, eu mesma ouvi minha própria resposta: "Sim, é claro que vou". Você, leitor, agora tem os resultados daquela decisão em suas mãos!

Se você é pai ou mãe, ou pretende ser, avô ou avó, educador, profissional da área de saúde, ou alguém que apenas está interessado em crianças e espiritualidade, espero que este livro possa prover fundamentação e orientação a você e às suas Crianças Cristal!

— **Doreen Virtue, Ph.D.,**
Laguna Beach, Califórnia

*Capítulo 1*

# No Útero

Parece que tudo o que envolve a Criança Cristal é extraordinário, a começar pela sua concepção. Várias mães, por meio de cartas, descreveram como foi fácil conceber suas Crianças Cristal. Outras mães contaram que se comunicaram com suas crianças antes da concepção. Katharina, por exemplo, é uma mãe novata de um menino de 9 semanas. Ela disse:

> "Meu filho entrou em contato comigo, antes de ter sido concebido, para me avisar que queria nascer. Ele foi concebido em Glastonbury, Inglaterra, um dos lugares sagrados deste planeta, que é chamado, com frequência, de Chacra do Coração da Terra.
> Ouvi dizer que as Crianças Cristal são cercadas de magia, o que, com certeza, é verdadeiro no caso do meu filho. Desde a sua concepção, muitas coisas maravilhosas foram manifestadas no plano físico, incluindo uma casa em um lugar muito especial e maior fluxo de dinheiro."

Recebi também várias cartas de avós que tinham conversas telepáticas com seus netos que estavam por nascer.

Muitas das mulheres, avaliadas e entrevistadas por mim, contaram o quão desafiadoras foram suas gravidezes, ainda que preenchidas com experiências espirituais encantadoras e crescimento pessoal. Várias mães descreveram a comunicação telepática com suas Crianças Cristal que estavam por nascer:

- Uma mulher disse que, durante sua gravidez, recebeu muitas mensagens de seu bebê. Ela explicou que, enquanto carregava na barriga sua filha, que agora tinha 4 meses, "ela nos disse inúmeras vezes que era uma menina, mas nós, por teimosia, não acreditamos. Também nos disse a data exata em que iria nascer. E lá estava ela, uma menina!".
- Uma outra mãe, Danica Spencer, disse que teve sonhos muito convincentes sobre sacerdotisas poderosas durante toda a sua gravidez (mais tarde ela deu à luz uma menina).
- E Lori, mãe de Isabelle, de 3 meses, foi curada fisicamente durante a gravidez e credita essa cura à sua criança por nascer. Lori recordou:

"Eu soube, desde o momento da concepção, que meu bebê era muito especial e tinha muito amor e luz dentro dele. Antes de ficar grávida da Isabelle, tive alguns problemas com células anormais no meu colo do útero, que teria de ser removido depois que eu desse à luz.

Enquanto estava grávida, tive de fazer um teste Papanicolau a cada dois meses, para ter certeza de que as células não estavam sofrendo mudanças. Após o primeiro teste, todas as células anormais haviam sumido e, nos testes subsequentes, as células não foram encontradas, nem deixaram qualquer evidência de que um dia estiveram ali! Eu sei que isso aconteceu por causa da criança muito especial que crescia dentro de mim.

Muitas vezes, Isabelle surgia em meus sonhos e durante minhas meditações. Eu pude me comunicar com ela bem antes de ela nascer. Havia também uma energia incrível que podia ser sentida irradiando a partir da minha barriga. A única maneira como eu consigo descrever essa energia é que ela era muito clara, calorosa, brilhante e cheia de amor".

As Crianças Cristal possuem uma afinidade espantosamente intensa com a natureza, como veremos um pouco mais adiante. Cynthia Berkeley teve um presságio de que sua filha tinha amor pela água, durante sua gravidez. Cynthia disse:

"Eu nadei com os golfinhos quando estava grávida da Leah e, desde então, ela tem uma afinidade natural com a água. Enquanto estava no útero, Leah pareceu ter conversado com os bebês-baleia que nós vimos em dois dias distintos. Ela apenas torcia, girava, chutava e vibrava lá dentro!

Levo a Leah para nadar na piscina, com frequência, desde que era bebê, e ela sempre quer colocar a cabeça embaixo da água. Leah adora! Com 1 ano e 3 meses, ela já está tentando nadar por conta própria."

## Dar à Luz

Recebi várias cartas de mães contando que suas Crianças Cristal haviam informado, de forma telepática, a data exata de seu nascimento. Kathy DiMeglio teve uma experiência mágica com a Mãe Maria, que parece ter influenciado na data de nascimento de sua filha Jasmyn. Kathy conta que, durante sua gravidez, se sentiu muito ligada à Mãe Maria. Ao saber que a data de aniversário da Mãe Maria era 8 de setembro, ou seja, 8 dias antes da data prevista para o parto, Kathy orou para Mãe Maria ajudá-la a dar à luz em 8 de setembro.

Kathy disse:

> "Lembro-me apenas de ter rezado para Maria e pedir que nossa filha nascesse no dia do aniversário dela, e não pensei mais nisso. Esqueci tudo sobre essa minha prece, até o momento em que estava em trabalho de parto no hospital. A certa altura, perguntei ao meu marido qual era a data daquele

dia, e ele respondeu: 'Hoje é terça-feira, dia 8 de setembro'. Eu sabia que era um milagre. Sabia que era uma dádiva. Eu até tinha uma estátua de Maria na sala de parto".

Várias mães disseram que ficaram impressionadas com os olhos e o magnetismo de suas Crianças Cristal, desde o momento em que elas nasceram. Por exemplo, Andrea Kiger relembrou:

"Minha filha Abbie, de 3 anos, é diferente desde o momento em que nasceu. Quando dei à luz, ela foi colocada sobre o meu peito e fiquei tomada de emoção, muito mais do que com meu primeiro filho. Enquanto eu soluçava, ela juntou calmamente as mãos, entrelaçou os dedos e apenas me olhou fixamente nos olhos. Ela não chorou, de jeito nenhum! As enfermeiras ficaram um pouco perturbadas, pois acharam que isso era muito estranho. Fiquei bastante assustada com a experiência. Senti como se olhasse nos olhos de um ser antigo. Ela não piscava e só olhava para mim. Eu senti, sem dúvida, que ela estava se comunicando comigo".

As Crianças Cristal têm um ar de autoridade, como se fossem adultos sábios em corpo de criança. Mais do que isso, elas parecem ser sábios experientes... pequenos bruxos e altas sacerdotisas. O poder que exercem, desde a infância, pode dominar os adultos. Entretanto, esse poder não vem por força bruta, mas sim por determinação férrea e intenções muito claras. Quando os pais se deparam, pela primeira vez, com o poder de seus filhos, podem ficar sobressaltados.

Lisa Roulet é mãe da Kaitlyn, de 1 ano e 8 meses, que demonstrou um poder pessoal excepcional apenas alguns dias após ter nascido. Lisa explicou:

> "Kaitlyn nasceu três semanas e meia mais cedo. Ela dormiu quase todo o tempo durante as três primeiras semanas. Quando tinha apenas 6 dias de vida (idade em que poderia ainda estar no útero), foi quando me conscientizei, pela primeira vez, de seu poder e presença extraordinários. Naquele dia, contrariando meu bom senso, segui o conselho de outras pessoas para tentar manter minha filha mais tempo acordada. Quando eu a toquei, Kaitlyn me deu uma olhada firme que transmitia poder, segurança e autoridade, como que para me dizer, com clareza, que parasse de incomodá-la e deixasse-a dormir. Eu senti, com toda a honestidade, que estava na presença de uma divindade, naquela noite".

As Crianças Cristal realmente compartilham características com as divindades, tais como carisma e magnetismo, temas que serão tratados no próximo capítulo. Essas peculiaridades são, sem dúvida, parte de um pacote que irá torná-las grandes líderes no futuro.

*Capítulo 2*

# Ah, Aqueles Olhos!

Conforme já mencionei, o traço mais distintivo da Criança Cristal é seu olhar intenso com os olhos arregalados. Ela parece ver tudo com aqueles olhos grandes! Às vezes, seu olhar chega a ser irritante, pois dá a impressão de desnudar nossos segredos da alma. Quando travam seus olhos com os nossos, parece que um ser de alto nível está nos escaneando.

Penny descreveu sua filha Samantha, de 2 anos, com "olhos que parecem penetrar sua alma".

Muitas mães relataram que suas Crianças Cristal tiveram olhos intensos desde o primeiro dia.

Keli Carpenter disse que, desde o momento em que seu filho Dakota nasceu, há seis meses, ele olhava intensamente nos olhos das pessoas, "como se falasse com elas. Todos comentam sobre isso".

A avó de Dakota, Wynona, acrescentou: "Ele olha tão profundamente em meus olhos, que tenho a impressão de que pode ver minha alma. Apenas dois dias após seu nascimento, ele olhou fixamente em meus olhos por mais de 20 minutos". Wynona disse que se viu falando com ele em sua mente, como se ele estivesse se comunicando com ela de alguma forma, e que ele "sabia o que eu pensava e a verdade de todas as coisas. Foi estranho e excitante ao mesmo tempo".

Uma outra mãe de Criança Cristal, Pam Caldwell, expressou sentimentos semelhantes:

> "A partir do segundo em que Hannah veio ao mundo, ela simplesmente me fitou com seus olhos negros e incisivos, examinando meus olhos e minha alma. Eles eram muito penetrantes, não desconfortáveis propriamente, mas profundos. Ela era muito consciente, desde seu primeiro minuto! Deixava as pessoas incomodadas na mercearia, por causa da intensidade de seu olhar. Não é assustador. É apenas óbvio que Hannah pode ver e ler as pessoas".

Essas observações sobre os olhos das Crianças Cristal não estão enraizadas apenas no orgulho dos pais. Kelly Colby-Nunez tem cinco filhos e nota uma diferença específica nos olhos de seus três filhos mais jovens (6 anos, 4 anos, e 1 ano e 3 meses). Kelly, ao falar sobre seus filhos mais jovens, declarou: "Quem olha em seus olhos sabe que eles são extremamente inteligentes e têm mais sabedoria do que os irmãos mais velhos e do que nós, adultos. Seus olhos brilham como luz refletindo no cristal. As pessoas comentam sobre isso todo o tempo".

Os olhos das Crianças Cristal refletem seu profundo discernimento espiritual. São olhos afetuosos, pacientes e dóceis – como os dos anjos. Nadia Leu, que é mãe da Celeste de 1 ano e 6 meses, recordou: "Desde o primeiro olhar que Celeste nos deu, ela pareceu ser muito sábia e cheia de compaixão, muito compreensiva e, ao mesmo tempo, parecia estar acima de todo o sofrimento humano. Desde o momento em que nasceu, ela tem um olhar muito forte e inteligente, e um comportamento sempre muito calmo e seguro em todas as situações".

Esses olhos expressivos e intensos são uma das razões pelas quais as Crianças Cristal começam a falar mais tarde, pois elas se comunicam bastante apenas por meio de seus olhos. E eles também fazem parte do poder hipnotizante que as Crianças Cristal têm sobre os adultos. Muitos pais me disseram que os olhos de seus filhos hipnotizavam adultos. Por exemplo, Phillipa contou que sua filha Isabella, de 1 ano e 6 meses, provocava um grande alvoroço com seus olhos. Ela esclareceu: "Não importa aonde nós vamos, as pessoas param o que estão fazendo e chegam perto da Isabella, para compartilhar sua energia e olhar em seus olhos de cor azul-cristal. Na maioria dos casos, as pessoas ficam totalmente fascinadas. Quando Isabella trava os olhos com alguém, a pessoa só consegue desviar o olhar quando minha filha sente que está pronta para deixar a pessoa ir".

## *Personalidades magnéticas*

O magnetismo das Crianças Cristal nos faz lembrar aqueles hipnotizadores à moda antiga que diziam: "Olhe nos meus olhos... olhe lá no fundo, olhe nos meus olhos!". Entretanto, os olhares das Crianças Cristal não são manipuladores. Essas crianças estão apenas reunindo informações sobre os humanos e sobre o planeta. Elas também estão enviando mensagens de amor por meio de seus olhos, e essa energia é um dom que precisamos muito no momento.

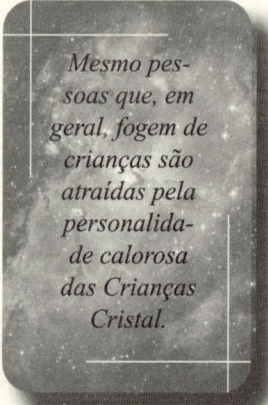

*Mesmo pessoas que, em geral, fogem de crianças são atraídas pela personalidade calorosa das Crianças Cristal.*

As Crianças Cristal veem além da superfície das pessoas. Elas veem a Luz Divina interior, e seus olhos ficam abertos em admiração enquanto assimilam tudo.

O amor que irradia das Crianças Cristal é irresistível. Mesmo as pessoas que, em geral, fogem de crianças, são atraídas pela personalidade afetuosa das Crianças Cristal.

Lori, mãe da Isabelle, de 3 meses, de quem já comentamos anteriormente, falou que a atenção que sua filha atrai não é normal, mesmo para um bebê engraçadinho e fofo! Lori justificou:

> "As pessoas se sentem muito atraídas por ela. Eu entendo que as pessoas adorem bebês e se interessem por eles, mas isso é diferente. Parece que a Isabelle atrai os

> outros como um imã de puro amor e luz. Todo mundo parece ter sempre os mesmos comentários sobre ela. Eles sempre dizem que ela é bonita, e sim, todos os bebês são bonitos... mas não como esse. Ela tem alguma coisa muito especial à sua volta que irradia de dentro, um brilho atraente, que faz com que ela seja bonita de uma forma especial. Isabelle tem também uns olhos incríveis. Eles são repletos de amor, compreensão e sabedoria."

As Crianças Cristal oferecem doses curativas de amor às pessoas, por onde quer que passem. Elas são como revitalizadores ambulantes de energia, empurrados em carrinhos de bebê pelos pais, que podem não perceber a importância da função que eles exercem quando levam suas crianças para junto do público.

Stephanie e Mark Watkeys, da Nova Gales do Sul, Austrália, que são os pais-coruja do Bryn de 1 ano e 1 mês, disseram:

> "Bryn atrai as pessoas de forma magnética, aonde quer que ele vá. Pessoas de todos os tipos falam com ele e só querem ficar à sua volta. Nosso filho é uma criança absolutamente encantadora, sorridente e cheia de luz, e ganha total atenção de todos, em qualquer lugar que vá. Ele é muito sociável e animado. Todo mundo que o encontra comenta o quanto ele é vivo. É como se seus

olhos absorvessem tudo e todos à sua volta. Com 1 ano e 1 mês, ele tem o olhar de um velho sábio, mas com a alegria de um bebê feliz!".

E a avó da Victoria relata que sua neta de 3 anos sempre foi consciente de tudo e que sua inteligência e sensibilidade estão muito acima de sua idade. Ela declarou: "A Victoria é sempre o centro das atenções, mesmo quando não diz uma única palavra. Pessoas estranhas são atraídas e falam com ela sem nenhuma provocação aparente".

Esse fenômeno nos indica a origem e o propósito das Crianças Cristal. Suas frequências espirituais de alto nível e suas personalidades destituídas de ego indicam que elas possuem espíritos muito evoluídos. De onde elas vêm? Elas compartilham similaridades com as descrições de extraterrestres, que têm olhos grandes e bocas pequenas e se comunicam por telepatia. Porém, a vivacidade das Crianças Cristal excede a energia mecânica emitida na maioria dos encontros extraterrestres (E.T.), segundo relatos.

Talvez estejamos nos deparando com um tipo híbrido de anjo encarnado, mascarado como meninos e meninas bonitos. Mas uma coisa é certa: essas crianças estão aqui tanto para nos ensinar como para nos salvar... de nós mesmos. Porém, devemos *ajudar* as Crianças Cristal nessa salvação. O primeiro passo é entender suas qualidades, que são prodigiosas e únicas.

*Capítulo 3*

# Fala Tardia, Telepatia e Transes

Aos 2 anos, Harry foi diagnosticado como "autista", quando ficou evidente o desenvolvimento tardio da fala. A princípio, seus pais e o médico acharam que Harry tinha um problema auditivo e, portanto, colocaram tubos de drenagem em seus ouvidos. Mas Harry, ainda assim, não falava. Sua mãe Karenanne disse:

> "Harry sempre teve um temperamento muito alegre e nunca demonstrou ansiedade pelo fato de ser incapaz de falar. É como se falar fosse algo que ele viria a fazer quando estivesse pronto para tal. Aconteceu a mesma coisa com suas habilidades de leitura. Ele não mostrava interesse por livros de bebê, porém, ao se interessar pelo Pokemon, demonstrou, de imediato, que sabia ler e passou a se debruçar sobre aqueles manuais".

Harry começou a falar aos 5 anos. É como se suas habilidades de leitura e escrita despertassem após estarem adormecidas durante muito tempo. Agora, aos 9 anos, Harry lê enciclopédias de criança por diversão e vem adquirindo um bom conhecimento geral para sua idade.

Harry era autista antes? Não é o que sua personalidade indica. Lembre-se que o autismo descreve uma condição em que as pessoas vivem em seus próprios mundos, desconectadas das outras pessoas. Elas não falam, porque não notam os outros.

Harry, pelo contrário, faz várias perguntas a estranhos e se aproxima de outras crianças para indagar sobre um brinquedo que elas estejam carregando. Sua mãe disse que agora está acostumada com o fato de Harry se aproximar de estranhos. "E o mais surpreendente," – ela observou – "é que as pessoas sentem sua energia afetuosa e a aceitam sem ficar irritadas com a invasão de seus espaços. Ele mostra para as pessoas como serem mais abertas".

Então, por que Harry foi diagnosticado como um autista? O fato de falar ou ler mais tarde do que o esperado justifica um diagnóstico com tal nível de seriedade? Por que não chamar essas crianças sensíveis de "falantes tardios", em vez de tentar definir patologias com diagnósticos psiquiátricos e fazer com que sintam envergonhadas de si mesmas?

Centenas de pais, por todo o mundo, cederam histórias para este livro, contando sobre suas Crianças Cristal que "levam um tempo precioso" para começar a falar. Em vez de rotular esse fenômeno como "uma epidemia de autismo", como a mídia e a classe médica fizeram, talvez devêssemos examinar indícios da evolução da humanidade.

Quem sabe, não precisemos mais falar! Talvez isso seja tão antiquado quanto os dedos dos pés que usávamos para subir em árvores! A telepatia poderia ser um caso semelhante aos polegares opositores que desenvolvemos ao longo da evolução, ou seja, uma nova ferramenta necessária para um mundo em mutação?

Para ser sincera, a fala parece grosseira e imprecisa quando comparada à comunicação mental. Muitos cientistas de grandes universidades, como Stanford, Princeton e Yale, estudaram o fenômeno da comunicação mente a mente. Esses estudos produzem dados verificáveis que sustentam a premissa de que a telepatia é um comportamento mensurável que realmente existe. Escrevi sobre essa pesquisa científica em meu livro *The Lightworker's Way* (Hay House, 1997).

Lembro-me de minha (grande) experiência inicial com telepatia. Eu tinha 17 anos, e meu querido avô acabara de falecer em um acidente de carro. Uma hora após sua morte, ele apareceu para mim. Eu estava bem acordada, sóbria e em comunicação plena com ele. Ele tinha um brilho branco azulado ao seu redor, mas, fora isso, parecia exatamente como sempre foi. Então, ele começou a falar comigo, não com a boca, mas com a mente. Eu ouvi sua voz dentro de minha cabeça de forma bem clara, como se ele estivesse vivo e falando em meu ouvido. Ele me disse para não me afligir por ele, e que estava bem. Comunicamo-nos um pouco mais e, então, ele foi embora. O irmão do meu avô, que mora em uma cidade distante, também contou ter visto o espírito dele naquela mesma noite.

Aquele incidente me ensinou a acreditar nas comunicações mentais que havia recebido, com regularidade, durante toda a minha vida, do mundo dos anjos e dos espíritos. Isso me foi de grande ajuda, quando me tornei médium psíquica, anos mais tarde. E continua ajudando em meu trabalho escrito e falado. Quando as pessoas me cumprimentam pelas minhas habilidades psíquicas ou prolíficas de escrita, sempre respondo: "Obrigada. Sou uma boa ouvinte".

Ser pai de uma Criança Cristal também significa ser um bom ouvinte. Na verdade, apenas o fato de ter uma Criança Cristal parece estimular habilidades psíquicas nos pais. Andrea Kiger definiu sua filha Abbie, de 3 anos, como "uma Criança Cristal clássica", porque suas características correspondiam, por completo, à descrição. Andrea disse que deu à luz não só esse pequeno ser especial, mas também suas próprias habilidades psíquicas. Ela recordou: "Eu era capaz de saber coisas do nada, além de ver e me comunicar com aqueles que tinham falecido. Isso tudo surgiu no dia exato após o nascimento da Abbie. Tenho certeza de que foi um despertar para mim".

Aqueles que estiveram próximos da morte relatam uma evolução nas habilidades psíquicas. Muitos também dizem que, estar na presença de um grande amor, tal como aquele que existe no plano após a morte, nos torna acessíveis de maneira psíquica. Assim, não surpreende que o fato de ser pai de uma Criança Cristal superamorosa tenha o mesmo efeito.

As Crianças Cristal também escolheram pais e avós sensíveis psiquicamente, como parte de suas técnicas de "sobrevivência na Terra". Afinal de contas, se as crianças não vão se comunicar verbalmente, elas precisam escolher mães e pais telepáticos, para assegurar que suas necessidades sejam atendidas.

Conforme mencionei, é muito comum que as Crianças Cristal comecem a falar por volta dos 3 anos ou mais tarde. Esse foi o caso da Teresa Zepeda, cuja filha de 6 anos foi chamada, de forma apropriada, de "Cristal". Teresa declarou:

> "Cristal falava apenas três palavras (mamã, papá, não) até os 3 anos, quando de repente começou a usar sentenças completas. Antes daquela idade, ela fazia grunhidos e caretas. Nós a chamávamos de 'bebê da caverna'. Mas ela também tinha um modo de fazer com que soubéssemos o que queria, sem dizer nada. Acredito que ela estivesse se comunicando por telepatia. Só podia ser. De que outra forma eu poderia saber o que ela estava pensando?".

A filha da Teresa exemplifica um padrão descrito por muitos pais, em que as crianças apresentam, desde a verbalização mínima até habilidades de fala mais abrangentes, praticamente do dia para a noite.

Catherine Poulton contou que seu filho Kylan, de 5 anos, tinha cerca de 3 anos quando começou a falar. "Kylan não falava e sequer citava nomes e, então, de repente, um dia, ele começou a falar por meio de frases inteiras".

A questão do atraso da fala parece ser um problema apenas para aqueles que se preocupam com isso. Para os pais mais descontraídos, não se trata de um problema. Esse é o caso da Beverly Moore, mãe do Ethan, de 5 anos. Beverly contou que "o Ethan não falava até cerca dos 3 anos. Ele também nunca teve os sons e tons de 'conversar de bebê'. Eu não fiquei muito preocupada, porque calculei que ele iria falar quando tivesse alguma coisa para dizer. Nunca tive dificuldade para entender o que Ethan queria".

Entretanto, nem sempre é fácil para os pais aceitarem, de forma despreocupada, que seus filhos sejam "diferentes". Uma mulher me disse que ficava constrangida perante outras mães, porque desconfiava que elas a julgassem culpada por ter um filho "mudo". Por isso, alguns pais lidam com o assunto por conta própria, pesquisando, lendo todos os livros sobre fala tardia, e instituem modificações comportamentais e nos hábitos alimentares para estimular o desenvolvimento da linguagem em seus filhos. Evie falou que sua filha Mei, de 2 anos, respondeu, de forma positiva, ao ensino em casa. Ela declarou:

> "Mei era um bebê alegre e vivo, e começou a andar aos 10 meses. Como ela optou por não falar até mais tarde, tivemos que

avaliá-la em função de suas deficiências no ato da fala. Ela se saiu muito bem nos testes que envolvem as áreas social e cognitiva, porém não falava nada. Por volta de 1 ano e 3 meses, ela falou umas poucas palavras aqui e ali. Na verdade, a primeira palavra dela foi "Oi!". O médico falou que ela estava com 4 meses de atraso para falar. Então, eu trabalhei com ela em casa, e agora ela fala bastante. Com 2 anos, ela sabe todas as cores, as letras e os números de um a dez".

Várias mães me contaram que suas Crianças Cristal apreciam a atenção extra que o ensino em casa proporciona, e que o resultado disso é um incremento no vocabulário das crianças.

Entretanto, há muitas maneiras de se comunicar. Vários pais comentaram que seus filhos criaram sua própria linguagem de sinais. Uma mulher contou que sua filha usou movimentos compassados para ensiná-la esse método personalizado de comunicação para que elas pudessem se entender. Kelly Colby-Nunez disse que seus filhos mais jovens preferem se comunicar por desenhos: "Meus filhos (com as idades: 6 anos, 4 anos, e 1 ano e 3 meses) preferem desenhar em vez de falar e passam horas fazendo isso. Meu filho de 6 anos me contou que se comunica, com frequência, com seus amigos, também sem falar".

É possível que uma das razões de as Crianças Cristal falarem mais tarde do que as gerações anteriores seja o fato de o discurso verbal parecer estranho a elas. Isso é o que Sue Jalil conjectura sobre seu filho Sean, de 4 anos:

> "Sean é muito telepático e o desenvolvimento de sua fala foi tardio, tanto que teve de usar um tubo de drenagem para ajudá-lo a ouvir melhor. É muito recente o fato de ter conseguido superar algumas das dificuldades no ato de falar. Até agora, ele ainda tem problemas para empregar algumas letras. Acredito que esta seja a sua primeira vez no planeta Terra, e que o uso da boca e da língua para se comunicar seja muito estranho para ele, uma vez que era apenas telepático no passado. A propósito, o tubo de drenagem não fez diferença alguma".

Muitos pais e médicos acreditam que as crianças que demoram a falar têm um problema clínico de audição. Penny comentou que ambas as filhas não falaram até os 3 anos. Foram feitos testes de ouvido e ambas apresentaram audição normal. Penny afirmou que ela não ficou preocupada, embora:

> "Algo me dizia que o problema não era com a audição. Meus instintos me diziam que minhas filhas não sentiam ainda uma necessidade premente de falar. Minha filha mais velha parecia ter uma linguagem própria. Não entendíamos o que ela dizia, mas ela falava o tempo todo. E com as duas meninas, eu sempre parecia saber o que elas queriam ou precisavam".

Penny contou que o seu maior desafio com as suas Crianças Cristal tinha sido a percepção dos outros em relação a elas. Ela recordou:

> "As pessoas faziam perguntas às minhas filhas e elas não respondiam ou não sabiam responder. Há certa expectativa quando as pessoas falam com uma criança dessa idade, e minhas filhas não correspondiam a isso. Por exemplo, eu tentava ensiná-las quantos anos elas tinham ou onde estavam seus narizes, e elas não tinham o menor interesse em aprender essas coisas".

Penny se lembrou que ficava constrangida e se sentia julgada quando suas filhas não respondiam às perguntas das pessoas. Lembrou-se também que a babá a denunciou no Serviço de Proteção à Criança, porque suas filhas falavam pouco, fingiam que eram cães e latiam.

Como acontece com muitas Crianças Cristal, Penny esclareceu que o desenvolvimento da habilidade motora de suas filhas era normal, mas que suas habilidades verbais tinham sofrido um atraso, em comparação com o padrão. Porém, quando as duas meninas atingiram os 3 anos de idade, elas se liberaram de repente e começaram a falar de maneira normal. Penny disse: "Eu nunca tive nenhuma dúvida de que elas eram filhas brilhantes. Tenho de procurar me lembrar que não há problema em minhas filhas serem diferentes. Elas vão ser pessoas muito especiais. Só sei disso".

Os pais que parecem ter maior facilidade de convívio com seus filhos de fala tardia são aqueles que aprendem a se comunicar por meio da telepatia, e que reconhecem e usam a linguagem corporal. Uma mãe, chamada Cristal, contou: "Minha filha tem quase 2 anos. Ela ainda não fala e não sente necessidade para tal. Nós podemos olhar uma para a outra e saber o que a outra quer e, portanto, parece que o ato de falar não é necessário no momento".

Outra mãe, chamada Misty Rose, teve facilidade em se comunicar de forma não verbal com sua filha Leah. Entretanto, Misty relatou que, "quando Leah tinha 1 ano, tínhamos de lembrá-la que nem todo mundo podia se comunicar com ela por telepatia e que, por isso, ela tinha de usar as palavras".

Aquele pouco de informação pareceu ajudar. Agora, com 2 anos, Leah fala com nível de uma criança de 3 a 4 anos de idade. Parte do pacto que os pais estabelecem com as Crianças Cristal tem mostrado a elas "as amarras" de viver na Terra.

## *Comunicação telepática*

As Crianças Cristal nascem psíquicas. Quando bebês, suas cabeças e olhos viram como se elas vissem, de maneira clara, anjos e guias espirituais. Com dons espirituais inatos, é normal que elas também sejam profundas leitoras de mente. Muitos pais me contaram histórias semelhantes à de Natarsha.

Natarsha, mãe do Tyrique, de 5 anos, disse que as declarações do filho sempre a surpreenderam. Natarsha exclamou: "Eu juro que ele lê a minha mente!".

Um dia, os dois estavam andando de ônibus em silêncio. Natarsha estava curiosa por saber, por meio da mente, se Tyrique iria passar o próximo final de semana com o pai dele. De repente, Tyrique disparou: "Meu pai vai me pegar na sexta-feira para ir a casa dele".

*As Crianças Cristal nascem psíquicas.*

No dia seguinte, Natarsha pensava sobre o que fazer para o jantar, quando Tyrique falou: "Mãe, eu tenho uma boa ideia. Por que você não faz aquele prato de arroz para o jantar?".

Quando Natarsha perguntou a Tyrique como ele sabia o que ela estava pensando, ele respondeu: "Deus me contou na minha cabeça".

A capacidade espiritual de ouvir de Tyrique demonstrou-se útil em mais de uma ocasião. Natarsha, um dia, estava se vestindo para ir trabalhar, e lutava para fechar o zíper de sua calça. Não era a calça que estava apertada, e sim o zíper que não queria fechar. Naquele momento, Tyrique entrou no quarto e disse, "Mamãe, você tem que primeiro abotoar sua calça para que depois o zíper funcione". Natarsha se perguntou como é que Tyrique sabia que ela estava com problemas com o zíper.

Ela disse: "Achei que fosse agradá-lo ao aceitar seu conselho, então abotoei a calça enquanto ele me observava e, depois, tentei subir o zíper, pensando:

"Isso não vai funcionar". O zíper subiu sem nenhum impedimento! Quando Natarsha perguntou a Tyrique como ele sabia que ela precisava de ajuda, ele declarou: "Eu apenas sei. Eu ouço minha mente", e saiu. Até hoje Natarsha tem que abotoar aquela calça para que o zíper funcione.

---

As Crianças Cristal nos ensinam a confiar em nossos pensamentos e sentimentos intuitivos. Assim como Natarsha, Carolyn também perguntou à sua filha Haley, de 6 anos, sobre suas habilidades telepáticas. Haley respondeu que ela podia ver dentro do cérebro da mãe, além de ver seus pensamentos.

Eu ministro cursos sobre desenvolvimento psíquico por todo o mundo desde 1996, e descobri que uma das coisas mais importantes de se fazer, ao tentar se desenvolver de maneira psíquica, é observar e confiar nos pensamentos, nos sentimentos, nas palavras e nas visões que entram em nossa mente. As Crianças Cristal são grandes exemplos de como fazer isso. Jaimie relatou que sua filha Isabella, de 1 ano e 6 meses, anunciava com confiança: "Papai, papai", momentos antes de seu pai chegar em casa. Muitas vezes, quando o telefone tocava, ela dizia: "Vovó" e, com certeza, era sua avó ao telefone.

Uma das razões pelas quais as crianças são tão psíquicas se deve ao fato de elas não se importarem se apenas imaginam essas mensagens intuitivas. Elas não fazem nenhuma distinção entre o faz de conta e o real. Para as crianças, tudo é real!

As Crianças Cristal são, com certeza, leitores de mente. Magda contou que sua filha de 4 anos verbaliza com frequência o que pensa. Ela relembrou: "Por exemplo, uma noite a vi dormindo e pensei, Eu te amo, e ela respondeu em seu sono, Eu também te amo!".

À medida que as Crianças Cristal crescem, essa telepatia pode ser tanto aprimorada como extinguida. O primeiro caso acontece quando os pais prezam o dom do filho e aprendem a desenvolvê-lo neles próprios. O segundo ocorre quando os pais demonstram medo ou ansiedade em resposta à capacidade de seu filho em ler mentes.

A telepatia é parte do arsenal Divino das Crianças Cristal para ajudar a livrar a terra do engano. Quando alguém é totalmente telepático, ninguém consegue mentir em sua presença. Quando as Crianças Cristal entram na idade adulta, elas sabem quando estão sendo enganadas por um político ou um vendedor. Coletivamente, elas vão obrigar os habitantes do nosso planeta a viver com integridade.

A telepatia também tem um benefício mais imediato. Cristal disse que usa a telepatia para se comunicar com sua filha Zoey, de 3 anos de idade, em situações de emergência. Por exemplo, se Zoey sai andando e se afasta, Cristal grita por telepatia "Pare!", e Zoey para, vira e olha para a mãe.

## *Entrar em transe*

Às vezes, as Crianças Cristal entram em transe e parecem não ouvir seus pais. Isso pode acontecer, em particular, quando estão do lado de fora, em contato com a natureza. O estado de transe é uma característica usada com frequência para diagnosticar o autismo.

Porém, quando se trata de Crianças Cristal, este seria um diagnóstico incorreto, porque essas crianças estão apenas ajustando o mundo *de forma temporária*. E, além disso, as Crianças Cristal são muito empáticas, conectadas e amáveis com as outras pessoas. As crianças autistas não apresentam, de fato, nenhum senso de conexão com o mundo exterior.

Eu entro em transe quando estou canalizando ou recebendo informações. Antes de reconhecer de maneira completa meus dons espirituais, eu recebia muitas mensagens de anjos, enquanto assistia televisão. Isso acontece porque a televisão mantém a mente concentrada em um único ponto, da mesma maneira que os espelhos de vidência (espelhos negros usados para adivinhação) e as bolas de cristal.

Andrea contou que sua filha Abbie, de 3 anos, também entra em transe quando assiste televisão. Andrea explicou:

> "Quando a televisão está ligada, Abbie é 'sugada' a ponto de não ouvir ninguém ao seu redor. Nós temos que limitar o tempo que ela fica em frente à televisão. Abbie é uma alma gentil, curadora e tem uma

conexão com a natureza e com os animais. Por mais que a tecnologia vá contra seus princípios, parece que minha filha é sugada por ela e não consegue escapar de seu controle. Temos que desligar os computadores e os aparelhos de televisão para que ela possa voltar a interagir com a família".

Uma outra mãe, Denise Bunning, relatou que sua filha Alice costumava entrar em transe quando era mais nova. Denise usava as mãos para virar e posicionar o rosto de Alice na direção do seu para obter sua atenção total. Agora, com 5 anos, Alice usa o mesmo método com sua mãe. Sempre que Denise ignora a filha, a menina vira o rosto da mãe em direção ao dela própria!

Como mencionei, muitos pais me contaram que seus filhos ficavam concentrados de maneira inacreditável, como se estivessem em transe quando estavam ao ar livre, na natureza. As Crianças Cristal ficam sentadas e observam os insetos ou folhas durante minutos. Essa capacidade de concentração é uma dádiva que será útil para as Crianças Cristal no futuro, quando assumirem cargos de liderança, na idade adulta.

*Capítulo 4*

# Um Alto Grau de Sensibilidade

As Crianças Cristal contam com a intuição para discernir a verdade sobre pessoas e situações, em vez de fazer avaliações baseadas na aparência física ou julgamentos. A intuição delas é como um radar que verifica seus arredores o tempo todo. Ninguém pode esconder seus verdadeiros pensamentos, sentimentos ou intenções da percepção requintada das Crianças Cristal. Nem essas crianças podem se esconder dessa consciência em relação à verdade, mesmo que optassem por não saber. Às vezes, a sensibilidade pode parecer mais uma maldição do que uma bênção. As pessoas sensíveis podem absorver energias negativas de forma inadvertida e ser afetadas por elas adversamente.

Danica disse que seu filho Koa tem 3 anos e é muito sensível. O maior desafio de Danica é descobrir como ajudá-lo quando a energia dos outros o afeta. Ela explicou:

"Koa é tão sensível que, se alguém estiver com raiva, frustrado ou passando por fortes emoções (mesmo que ninguém mais note ou finja que não percebe), ele se descontrola. É difícil para os pais terem crianças muito sensíveis, porque elas são afetadas por tudo que as cerca.

Agora que temos uma casa maravilhosa com uma energia excelente, nosso filho é um sonho. Em alguns dos lugares em que moramos antes, a própria energia da casa, muitas vezes, causava choro e confusão. Koa se dá melhor quando está rodeado por energia positiva e, para ele, é crucial estar em uma casa com um bom fluxo de energia."

Uma maneira de assegurar que sua casa projete energia boa é praticar a antiga arte chinesa para localização dos ambientes da casa, chamada Feng Shui. A Limpeza de Espaço é outro método. A primeira maneira é descrita de forma fantástica e em detalhes no livro *The Western Guide to Feng Shui*, de Terah Kathryn Collins, e eu escrevi sobre a segunda em meu livro *Manual da Terapia dos Anjos*\* (ambos publicados pela Hay House).

## Sensível às energias do mundo

As Crianças Cristal são muito afetadas pela energia coletiva do planeta. Quando pessoas em massa ficam

---
\*N.E.: Esse livro, lembramos, foi publicado no Brasil pela Madras Editora.

amedrontadas, ou se estiver em ação um acontecimento que provoque mudanças em nível mundial, as Crianças Cristal podem ficar depressivas ou agitadas.

*As Crianças Cristal são muito afetadas pela energia coletiva do planeta.*

Sara disse que seu filho Zak tinha 2 anos em 11 de setembro de 2001. Eles moram em Londres, onde, quando ocorreram os ataques em Nova York, eram cerca de 22 horas. Zak estava dormindo desde as 19 horas. Sara ouviu a notícia sobre as Torres Gêmeas no noticiário, quando tudo acontecia e, momentos mais tarde, ela ouviu barulhos estranhos vindos do quarto do Zak.

Sara correu para o quarto do filho. Relembrando os momentos aterrorizantes que se seguiram, ela relatou:

> "Ele estava em um estado terrível, arranhando seu pescoço e lutando para respirar! Eu nunca tinha visto nada como aquilo antes! Ouvi uma voz desencarnada dizer: 'Chame uma ambulância!', e foi o que fiz. Quando a ambulância chegou, a equipe de emergência olhou para Zak e falou: "Código azul!" e correu com ele às pressas para o hospital. Dentro da ambulância, Zak se esforçava para respirar e tive medo que ele estivesse prestes a deixar o planeta".

Zak estava ficando azul quando chegamos ao hospital e os médicos disseram que ele estava tendo um ataque de crupe,* com risco de vida. Sara recordou: "Eu soube que era muito sério quando olhei ao redor e percebi que os médicos estavam pálidos. Fui orientada a remover o meu colar de cristal e colocá-lo sobre o Zak, e a rezar para ele sarar. E ele sarou. Os médicos me disseram, mais tarde, que este tinha sido o pior caso de crupe que já tinham visto".

Uma Criança Cristal norte-americana chamada Chad também teve uma reação bastante empática em relação à situação global que foi precipitada pelos acontecimentos de 11 de setembro de 2001. Chad, uma aluna do primeiro ano, escreveu sobre seus sentimentos:

> "Meu sonho é ajudar as pessoas do Afeganistão. Elas estão morrendo. Mesmo que tenhamos matado muita gente em nosso país, vocês devem tratar as outras pessoas da maneira que querem ser tratados. Devem ajudar seus vizinhos. Eles têm muitas doenças. É triste que uma tonelada de pessoas tenha feito aquilo, mas eu as perdoo".

Os pais que se preocupam com filhos que sofrem de depressão, hiperatividade ou ansiedade, devem prestar atenção se os acontecimentos do mundo os afetam. Muitas crianças, de forma inconsciente, sofrem os impactos da energia do mundo. Invoque o Arcanjo Miguel para vigiar seus filhos ou peça à

---

*N.T.: Crupe ou difteria é uma inflamação da laringe, traqueia e brônquios, que costuma atacar crianças até os 4 anos de idade.

Mãe Maria (ambos são não denominacionais)* para confortá-los. Converse com seus filhos e permita que eles expressem seus medos e frustrações.

## *A natureza da sensibilidade*

As gerações anteriores às Crianças Índigo e às Crianças Cristal tinham a capacidade de fingir que estava tudo bem, mesmo quando não estava. As novas gerações de crianças, em especial as Crianças Cristal, não têm a opção de esconder. Elas sentem as emoções dos outros como se fossem delas próprias.

Catherine relatou que sua filha, de 3 anos, é uma das pessoas mais observadoras que já conheceu. Ela ressaltou: "Nada escapa a ela. Minha filha é muito sintonizada com as pessoas e suas emoções. De fato, meu marido e eu precisamos ser muito cuidadosos ao discordarmos em sua presença, porque ela tenta mediar a situação e não se contenta até que façamos as pazes. Ela pergunta, de forma insistente: "Você está feliz?", até que realmente estejamos".

As Crianças Cristal estão aqui como forças da paz e entram em sintonia quando alguém não está em paz. De acordo com suas mães, Taylor, Emily, William e Zoey, todos com 3 anos de idade, refletem esta característica:

- Taylor para o que estiver fazendo quando outra criança chora. Ele pergunta: "O que houve?", e indaga de que forma poderia ajudar. Todos os

---

*N.T.: Não denominacional: sem ter em vista nenhuma doutrina específica de alguma Igreja.

dias ele relata a seus pais quais crianças choraram na pré-escola e o porquê, como se o seu propósito fosse ajudar aqueles que estão tristes.

- Emily não tem um vocabulário muito extenso, mas quando fala, tende a se concentrar nas emoções. Sua mãe, Wendy, comentou que "Emily é extremamente perceptiva em relação às emoções que fervilham nos adultos e, de alguma forma, ela se apodera da linguagem e da habilidade para identificá-las e apontá-las (apesar de meus esforços para esconder dela minhas emoções e pensamentos)".
- William se magoa com facilidade e fica devastado quando pensa que fez algo errado sem ter tido consciência disso.
- Zoey abraça e consola todos que vê chorando. Ela diz a eles: "Está tudo bem, está tudo bem. Quer que eu te dê um beijo para você ficar melhor?". E diz a todos a quem ela encontra que os ama.

Rihana e Isabelle também são bastante sensíveis:

- Rihana, de 1 ano, chora muito sempre que acha que machucou alguém, seja de forma física ou emocional.
- Isabelle, de 3 meses, fica chateada com rapidez se estiver rodeada de pessoas negativas ou com raiva. Porém, sua mãe acrescentou: "Isabelle traz paz e tranquilidade para as pessoas. Sua energia é tão forte e cheia de amor que propicia um efeito calmante instantâneo nelas".

## Corpos sensíveis

As Crianças Cristal não são sensíveis apenas de forma emocional, mas também física. Elas podem ser afetadas com facilidade por tanto estímulo.

- **As Crianças Cristal são sensíveis a barulhos.** Penny contou que suas filhas, de 2 e 4 anos, ficam muito chateadas quando alguém levanta a voz em tom de raiva. Ela disse: "Agora, fico mais atenta em como me comunicar com as meninas, quando estou triste. Sabendo que elas sentem as emoções de forma tão intensa, tenho de prestar atenção em relação ao volume ou intensidade da raiva em minha voz".
- **As Crianças Cristal são sensíveis a multidões.** Beth falou que seu filho Taylor, de 3 anos, não se sente bem no meio de grandes multidões. Ela relembrou que "ele tem essa característica desde que nasceu. Houve uma festa de volta às aulas na sua pré-escola há pouco tempo e, como Taylor não quis saber de nada disso, ou seja, muitas atividades acompanhadas de muito barulho, ele apenas correu para fora e ficou embaixo de uma árvore comendo um biscoito".
- **As Crianças Cristal são sensíveis à temperatura.** Cathy reparou que seu filho William, de 3 anos, sente mais frio do que os outros.
- **As Crianças Cristal são mais sensíveis à desordem e à desorganização.** Quando Haley, de 6 anos, sente que seu quarto está muito bagunçado, ela o arruma e anuncia: "Eu preciso de um espaço

limpo!'". Sua mãe então lhe dá um sino especial que, ao ser tocado, limpa a energia. Após tocar de forma cerimoniosa o sino, Haley diz: "Mãe, agora a energia no meu quarto está agradável!".
- *As Crianças Cristal são sensíveis a ambientes caóticos.* Mei, de 2 anos, fica hiperativa quando vai a um local com agitação exacerbada, como um shopping center em época de Natal. Sua mãe afirma que, em casa, ela nunca fica hiperativa.
- *As Crianças Cristal são sensíveis a ingredientes artificiais e químicos.* Jaimie comentou que sua filha Isabella, de 1 ano e 6 meses, tem a pele muito sensível. Jaimie explicou:

"Agora eu só uso ingredientes naturais para a pele, porque o sabonete industrializado deixa a pele dela seca. Usamos um sabonete à base de óleo de prímula como alternativa. Ela sempre reage melhor com remédios naturais e, por sorte, o farmacêutico daqui do bairro desenvolve remédios à base de ervas para muitas doenças infantis. Isabella sempre vomita quando toma medicação industrializada. Ela não consegue manter a medicação no organismo e sempre a rejeita, como um reflexo. No entanto, ela tolera os medicamentos fitoterápicos muito bem".

## *Aparentemente inatingíveis*

Ainda bem que os anjos zelam pelas Crianças Cristal sensíveis. Muitas delas parecem ser inatingíveis fisicamente, como se fossem impermeáveis a danos.

A mãe de Tori falou que, apesar de sua filha de 4 anos brincar de forma ruidosa com seus animais de estimação, ela sempre sai ilesa. Por exemplo, Tori deita no chão e os cachorros da família, que são de grande porte, pisam sobre ela, e ela ganha apenas alguns arranhões. E o gato, que é grande, morde-a, mas não deixa nenhuma marca.

E Andrea relatou que sua filha Abbie, de 6 meses, uma vez escapou de um acidente por um triz. Andrea explicou: "Eu estava carregando a Abbie, quando escorreguei em uma mancha de óleo no estacionamento". Andrea ficou horrorizada quando sua filha bateu com o rosto no chão e ficou sem se mexer. Ela virou a Abbie rapidamente e viu que sua filha estava sorrindo e não apresentava nenhum arranhão.

Andrea disse que Abbie passa por situações que poderiam culminar em acidentes, mas nunca se machuca. "É como se fosse inatingível fisicamente, embora tenha um lado emocional tão sensível. Ela não gosta de barulho, pessoas brigando, violência, brincadeiras brutas ou carne vermelha".

É por isso que as Crianças Cristal podem ser sensíveis... afinal, elas estão protegidas. A importância do propósito de suas vidas garante que elas tenham proteção dos céus. Por outro lado, há crianças que se machucam, porque devem passar por essa experiência como parte de seu crescimento espiritual.

Muitos dos pais que me escreveram relataram que essas crianças não são apenas protegidas contra lesões, mas também são destemidas. Talvez uma das razões para tal seja o fato de sempre ter uma expectativa positiva. O otimismo delas atrai experiências de segurança e proteção.

## *Sem medo*

O menino era incrível! Eu estava ao ar livre, em um hotel em Kona, no Havaí, e não conseguia tirar os olhos desse garoto. Vestido com uma roupa tão colorida que, se comparado ao "manto de mil cores de José",* este pareceria monótono, o menino estava andando sobre as paredes, quero dizer, pelas paredes literalmente!

Calculei que esse menino tivesse por volta de 7 anos. Ele andava ao longo das bordas do muro de concreto do hotel, de 1 metro, como se fosse um caminhão de quatro rodas. A borda do muro era mais estreita do que o pé do garoto, mas não importava, ele andava com confiança, sem hesitação e sequer chegava perto de cair. Por fim, seu avô se cansou de ver o menino desafiar a gravidade e pediu-lhe que descesse. O menino pulou do muro, saltando como se tivesse molas nos pés, à medida que ele e o avô se afastavam em direção ao pôr do sol havaiano.

---

*N.T.: Alusão ao musical "O Manto de Mil Cores de José" ("*Joseph and His Amazing Technicolour Dreamcoat*"), de A. L. Webber, que teve estreia em 1968, em Londres.

Desde aquele dia, percebi que as Crianças Cristal têm uma capacidade motora surpreendente. Isso reflete as tendências recentes com os testes de Quociente de Inteligência (Q.I.) que medem dois tipos de inteligência: a verbal e a não verbal. Os índices de Q.I. para capacidades verbais são baixos, e os de não verbal são bastante elevados. Em geral, as pontuações coletivas de Q.I. ficam acima, uma vez que ambos os tipos de pontuação de Q.I. são computados em conjunto para uma pontuação cumulativa.

Muitas Crianças Cristal demonstram uma extraordinária capacidade motora, mesmo tendo em vista o atraso da habilidade verbal. E essas habilidades motoras eletrizantes são combinadas com um destemor imprudente, o que faz com que essas crianças sejam exploradores corajosos! A audácia parece corresponder à confiança que as Crianças Cristal demonstram em outras situações, tais como quando se aproximam de animais selvagens ou fazem previsões psíquicas.

Visto que o medo é uma função do eu inferior, o ego, o destemor, é mais uma indicação do desenvolvimento elevado das Crianças Cristal. Elas confiam, amam e se divertem enquanto exploram este planeta!

Cynthia Berkeley contou que sua filha Leah, de 1 ano e 3 meses, se sente muito confortável em seu próprio corpo e tem um senso de exploração fantástico. Cynthia observou:

> "É como se Leah não tivesse quase nenhum medo! Ela sobe em tudo quanto é lugar e é capaz de decidir como manobrar as

coisas com a maior facilidade. As pessoas comentam que ela parece ser avançada fisicamente. Seu senso espacial é maravilhoso, tanto que ela subia e descia a escada sozinha, com 9 meses. Nós brincamos juntas no *Gymboree*\* e ela adora subir em tudo! Não sente medo".

Harry, de quem falamos no capítulo anterior, nunca teve medo. Sua mãe, Karenanne, diz que isso foi uma fonte de preocupação quando era pequeno, mas ele aprendeu a ser cuidadoso (mais por causa de sua mãe do que por ele próprio). Ela disse: "Eu acredito que Harry sabe que está seguro, porque ele nunca se preocupa com nada. Ele me diz: "Eu vou ficar bem, mamãe". A preocupação e o medo com certeza não fazem parte de sua composição, já que ele é uma alma de vibração superior".

As Crianças Cristal não são apenas destemidas, mas também parecem ter um grande prazer em explorar os ambientes ao seu alcance. Tara disse que seu filho Grant, de 1 ano e 4 meses, é muito ousado. Ela contou: "Grant gosta de se equilibrar! Outro dia eu o encontrei de pé em cima do seu caminhão de bombeiro, equilibrando-se sobre o assento. Depois, ele se equilibrou sobre o volante! E levantou seus braços para cima no ar bastante orgulhoso de seus feitos".

---

\*N.T.: Rede mundial de centros de atividades infantis, com mais de 650 unidades em 45 países, incluindo o Brasil, que tem como objetivo ajudar a desenvolver as capacidades cognitivas, físicas e sociais de crianças de 0 a 5 anos, com a participação ativa dos pais, que brincam junto com as crianças.

## Instintos Naturais

Talvez essas crianças sejam mais naturais, mais instintivas. Elas estão em maior contato com seus corpos. Afinal de contas, isso é o que os anjos me dizem sobre como se parece o nosso futuro. Desde a infância, tenho visões de um mundo mais natural, onde a tecnologia é substituída por nossas próprias habilidades, dadas por Deus, para nos comunicarmos por meio da telepatia. Trata-se de um mundo com ar fresco, água limpa, uma atmosfera tropical e abundância em frutas e vegetais frescos.

As novas Crianças Cristal são uma prévia desse mundo. Elas estão, sem dúvida, mais em contato com seus corpos!

Ellen Welch comprou, há pouco tempo, um vídeo de ioga para relaxar. Ela comentou: "Como é de praxe assistir à fita antes de realizar as posturas, assisti enquanto fazia alguns serviços na casa". Sua filha Erin, de 4 anos, se posicionou em frente à televisão e executou todas as posturas, parando apenas para pedir algum acessório para auxiliá-la em uma ou outra postura em particular. A fita de vídeo tem duas sessões de ioga, que totalizam cerca de 70 minutos. Erin fez ioga o tempo todo, sem parar. Enquanto fazia as posturas, ela disse: "Mamãe, isso é muito bom. Nós devemos fazer isso todas as noites, antes de irmos para a cama".

Erin está certa – devemos.

*Capítulo 5*

# CURADORES NATOS

As Crianças Cristal carregam tanto amor em seus corações que a mera presença delas causa um efeito curador, já que possuem também capacidades inatas extraordinárias nessa área. Mesmo as Crianças Cristal muito pequenas parecem saber, de maneira instintiva, como direcionar a energia com as mãos, pensamentos e, mesmo com cristais, para conseguir curas profundas. As histórias seguintes falam por si, oferecendo-nos a noção de um futuro caracterizado pela cura natural e espiritual.

## *Curadora infantil*

As habilidades de cura natural da filha de Andrea eram evidentes durante a infância. Um dia, Andrea estava acamada com uma indisposição, quando seu marido trouxe a filha de 7 meses para dentro do quarto. Ela contou que sua filha sentou-se na cama, ao lado dela, olhou em seus olhos e, em seguida, colocou as mãos sobre o estômago da mãe. "Isso durou quase 10 minutos e deixou meu marido um pouco assustado.

Quando ela acabou, voltou a ser um "bebê normal" e quis brincar. Fiquei impressionada".

## Ensinadas pelos anjos

Quando Haley tinha 5 anos começou a contar a seus pais sobre os anjos que via e ouvia. Disse a eles que trabalhava, principalmente, com o Arcanjo da Cura Física, Rafael.* Disse, ainda, que o Anjo do Conhecimento e o Anjo do Amor também a ensinavam. Ela descreveu os anjos trazendo uma máquina para dentro de seu quarto, por meio da qual aprendia como curar os corpos das pessoas. Também falou sobre ter visto sombras à volta das pessoas que estavam doentes.

Agora, com 6 anos, sempre que Haley se encontra com uma pessoa zangada, coloca sua mão para fora de uma janela aberta e manda a energia negativa sair do ambiente. A mãe de Haley, Carolyn, disse:

> "Eu gosto quando Haley põe suas mãos sobre os meus ombros e faz pressão para baixo, com delicadeza, porque fico mais calma. Uma vez, durante uma cerimônia, Haley se levantou, pegou a tigela tibetana cantante e a passou sobre o topo de nossas cabeças. Depois, ela voltou e usou suas mãos para abrir a parte superior do nosso chacra coronário. Fez isso com conhecimento de causa. Nunca tinha feito nada parecido antes e,

---
*N.E.: Sugerimos a leitura de *Comunicando-se com o Arcanjo Rafael*, de Richard Webster, Madras Editora.

mesmo assim, pareceu tão correto e foi feito com muita suavidade, ternura e compaixão".

## Um menino cura seu cachorro

Magda falou que ela e seus dois filhos estavam devastados com a notícia de que seu cachorro, Gator, tinha um problema de saúde talvez fatal. Enquanto a filha da Magda chorava com a situação, seu filho Austin, de 6 anos, foi com calma até seu quarto e pegou a varinha de energia que sua avó (uma curadora espiritual) tinha lhe dado.

Austin acenou com a pedra de cristal que estava na ponta da varinha sobre o cachorro. Foi espantoso, Gator deitou-se, como se os dois estivessem se comunicando, e concordou em deixar que a cura tivesse início.

Austin acenou com a varinha de energia sobre Gator por cerca de 30 minutos, dizendo-lhe que não ia morrer e que ia ficar melhor. Ao terminar, Austin disse, com alegria, para sua mãe: "Mãe, o Gator vai ficar bem. Eu usei minha varinha mágica e ele vai ficar melhor agora".

Austin (que recebeu de sua avó a iniciação como curador por meio da energia Reiki) continuou a fazer tratamentos de Reiki, usando sua varinha de energia no Gator durante o mês seguinte. Magda relatou: "Gator agora está com perfeita saúde e sem nenhum efeito colateral, e ele e nossa família estamos muito felizes e completos!".

## Ela cura sua mãe e a si mesma

Teresa Zepeda afirmou: "Minha filha chamada Cristal, de 6 anos, é, com certeza, uma curandeira!". E disse ainda que Cristal curou-se, de forma instantânea, mais de uma vez.

Quando a família foi acampar em uma praia para comemorar o quarto aniversário de Cristal, ela começou a se queixar de dor de ouvido. Teresa disse para a filha se curar por conta própria ou eles teriam de sair da praia para levá-la ao médico. Como essa notícia deixou Cristal chateada, Teresa a instruiu que fosse para o *motorhome*, deitasse e colocasse sua mão sobre a orelha, e pedisse a Deus e a Jesus que a curasse. Dez minutos mais tarde, Cristal saiu do *motorhome* e estava bem. Sem sofrimento, sem dor de ouvido! Teresa disse que "Cristal é uma pessoa obstinada. Ela queria tanto ficar na praia, e conseguiu".

Em outra ocasião, as costas de Teresa doíam e ela pediu a Cristal que usasse as mãos para curá-la. Ela pegou as mãos da filha e as colocou sobre suas costas, mas Cristal as puxou de volta e disse: "Eu não tenho que colocar minhas mãos em você para te curar".

Teresa relatou: "O alívio da dor foi imediato, como se ela nunca tivesse existido. Eu tinha uma dor forte nas costas desde que me apareceu uma hérnia de discos, há 14 anos. Antes de Cristal me curar, eu ficava muitas vezes na cama, com dor nas costas. Desde a cura, não fiquei acamada uma única vez, e minhas costas só me incomodam um pouco, de vez em quando".

## Fé absoluta

Todos os tipos de cura têm um componente de fé, seja medicina tradicional, alternativa ou cura espiritual. Estudos mostram que a fé do curador e do paciente são variáveis importantes para determinar o resultado dos tratamentos. As Crianças Cristal têm uma fé extraordinária em suas habilidades de cura, e esta é, sem dúvida, a razão de as curas serem tão eficazes.

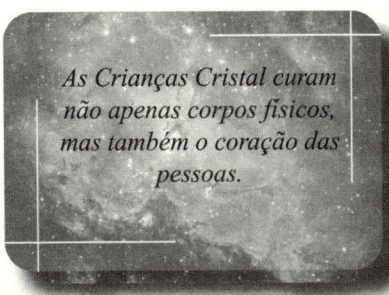

> *As Crianças Cristal curam não apenas corpos físicos, mas também o coração das pessoas.*

Victoria, de 3 anos, se autodenomina "dr. Toria", e já estabeleceu um histórico de sucesso em aliviar dores de cabeça e nas costas para amigos e membros da família. Desde a infância, Victoria percebe quando alguém está ferido, ou não se sente bem, e quer eliminar essa dor ou tocar o local até que esteja tudo bem.

A avó da Victoria comentou: "Ela acredita que podemos 'jogar fora as coisas ruins' e, durante seus tratamentos de cura, simula alcançar o dodói, estendendo a mão para apanhá-lo e jogando-o fora para o ar. Ela sempre foi muito ciente das outras pessoas e dos seus problemas e tem certeza de que pode resolvê-los!"

Certa vez, Victoria e a avó visitaram uma casa de repouso. É claro que Victoria quis curar todos os residentes. Sua avó recordou que foi muito difícil convencer a neta de que ela não poderia curar uma pessoa muito idosa e enferma de todos os seus problemas, ou que uma pessoa em uma cadeira de rodas deveria ficar nas mãos de Deus. Victoria disse, de forma bastante solene: "Mas, vovó, eu converso com Deus!". A avó observa que a crença da neta em si mesma e em sua habilidade para mudar o mundo é fabulosa, além de ser "uma coisa bonita de se ver".

## Conforto propiciado pelas Crianças Cristal

As Crianças Cristal curam não apenas corpos físicos, mas também o coração das pessoas. Por exemplo, elas proporcionam:

- **Cura emocional**. Após o falecimento de Jack, irmão de Lois O'Neill, de 4 anos, 50 convidados participaram da vigília na casa da família. O pai de Lois, Mick, contou que, em vez de curtir sua própria tristeza, sua filha passou o tempo todo caminhando ao redor do jardim com os adultos em luto. Lois explicou a cada um deles que Jack, na verdade, não tinha ido embora. Mick disse: "Lois aliviou o coração das pessoas com sua explicação sobre o nosso jardim, os anjos e as fadas que vivem ali".
- **Conforto**. Colin, de 4 anos, sabe de forma intuitiva como confortar uma pessoa com problemas. Uma vez, quando Colin e seus pais foram visitar uns parentes, uma das mulheres ficou doente. Colin insistiu em sentar-se com ela na cama. Apesar de ela ter dormido grande parte do tempo, Colin permaneceu quieto, sentado ao seu lado. Sempre

que ela acordava, Colin lhe trazia bebidas frias ou alertava a família quando ela precisava de alguma coisa. Ele foi uma verdadeira fonte de energia de cura e de assistência.
- ***Compaixão***. Estudos mostram que as crianças, muitas vezes, evitam contato com crianças deficientes, mas esta nova geração parece estar rompendo barreiras. Elas demonstram compaixão natural por pessoas com dificuldades físicas. Por exemplo, Zoey, de 3 anos, faz amizades *predominantemente* com crianças com deficiências físicas. Uma das amiguinhas com quem Zoey brinca nasceu com incapacidade para andar e tem uma ligeira inclinação em um dos lados do corpo.
- Cristal, mãe de Zoey, comentou: "Esta garota teve um progresso considerável desde que começou a frequentar a escola com outras crianças, assim como desde que começou a brincar com Zoey. É uma experiência gratificante saber que não existem barreiras de preconceito aos olhos de nossas Crianças Cristal".
- ***Aconselhamento***. As Crianças Cristal têm um talento especial para dizer, com precisão, a coisa certa, de forma a inspirar, confortar ou elevar as pessoas. Naturalmente otimistas, elas ajudam os outros a ver o lado positivo da vida.
- Aos 5 anos, Carter já demonstra suas habilidades naturais de aconselhamento. A mãe de Carter recorda de uma ocasião em que sua amiga

Ingrid veio para uma visita. Ingrid, uma hipnoterapeuta e artista talentosa, estava se sentindo triste. O pequeno Carter foi até ela e disse: "Você é uma terapeuta bonita e talentosa, Ingrid".

- A mãe de Carter lembrou: "Ingrid achou que eu tivesse treinado Carter para dizer aquilo. Mas eu disse a ela que não e que eu nunca tinha ouvido Carter usar a palavra terapeuta antes ou falar sobre o conceito de ser talentoso. Tudo o que sei é que Carter pode captar, de forma psíquica, quem precisa de amor e, então, oferecer esse amor".

E o ato de oferecer esse amor é uma missão coletiva das Crianças Cristal. Elas nos ensinam a receber amor. Como seus guias adultos, nossa função é estimulá-las, de forma que elas não tenham medo de amar, e ajudá-las a entender que é seguro falar e sentir emoções profundas. Nós precisamos orientá-las, em especial na adolescência, para que mantenham uma relação natural com o amor.

*Capítulo 6*

# CRIANÇAS ESPIRITUAIS, CRIANÇAS MÁGICAS

Mesmo em lares sem nenhuma religião formal ou enfoque espiritual, as Crianças Cristal conversam sobre temas esotéricos profundos. Às vezes, elas aprendem sobre Deus, preces, anjos, cerimônias e coisas do gênero com seus pais. Porém, não raro, as Crianças Cristal possuem conhecimento nato sobre espiritualidade. Elas são pequenos filósofos, alto sacerdotes e sacerdotisas. Elas estão, de forma clara, em sintonia com o Divino. Elas também trazem esse conhecimento de outras vidas.

Erin, de 3 anos, caminhava pela sala de visitas onde seus pais estavam assistindo o filme *Velocidade Máxima*. O filme estava para terminar e havia uma cena que retrata um avião e um ônibus que colidem em uma explosão enorme e dramática. Erin achou que fosse um programa de notícias e que as pessoas realmente tinham se machucado. Virou-se para seus pais com um olhar atordoado, ficou de joelhos e exclamou: "Temos que orar a Deus!". A mãe de Erin recordou: "Eu estava impressionada como uma criança de 3 anos pularia tão rapidamente de "Ah, não, isso é horrível" para "Precisamos buscar a intervenção Divina e ajudar essas pessoas".

A reação de Erin em relação à tragédia, mesmo não sendo "real", é alentadora. Esse é mais um indicador da direção que estamos tomando. Imagine um mundo onde todos passem a orar, em vez de ter medo ou preocupação, em resposta às crises.

As Crianças Cristal são muito filosóficas e conversam, com frequência, sobre temas espirituais que mais parecem de domínio dos mais velhos. Melissa comentou que seu filho Liam, de 7 anos, fazia perguntas constantes que ela não imaginaria que alguém da idade dele tivesse capacidade de fazer. Por exemplo, Liam perguntava, com frequência, o que é um "corpo da alma", "quem é Deus", e outras questões. Liam, às vezes, respondia às suas próprias perguntas. Talvez suas dúvidas desencadeassem uma resposta canalizada. Por exemplo, ele diria: "Nós todos somos Deus".

Melissa é grata pelas questões espirituais de Liam. Ela disse: "Enquanto Liam continuar a ser a alma que é, o mundo será um lugar melhor".

## Energia da Lua

As Crianças Cristal têm fortes ligações com a energia da Terra, da natureza, da Lua e das estrelas. Assim como os antigos druidas, babilônios e egípcios, elas são fascinadas pelos céus estrelados e Luas cheias.

Talvez a sensibilidade aguçada as torne mais conscientes das poderosas influências de cura da Lua. Muitas Crianças Cristal podem ver a Lua e as estrelas à noite, antes de elas se tornarem visíveis aos olhos dos adultos.

De fato, *lua* foi a primeira palavra proferida por uma Criança Cristal chamada Isabella. Sua mãe Jaimie explicou: "Isabella adora a Lua e a chamou de 'lua' na primeira vez em que a viu. Isso foi antes de ela dizer 'mamãe ou papai'! Eu a tinha levado para fora em uma noite azul-nanquim linda, e a Isabella suspirou e apontou para a Lua cheia no céu e disse: 'Ooooh, Lua!'. Ela tinha cerca de 9 meses naquela época".

As Crianças Cristal, sem dúvida, são apaixonadas pela Lua. Enquanto as outras crianças gostam de brinquedos, as Crianças Cristal se entretêm com o céu iluminado pela Lua. Beth contou que seu filho Taylor, de 3 anos, adorava sentar-se e contemplar a Lua e as estrelas. Ele passava horas sentado no escuro, à noite, em seu quarto, contemplando o céu pela janela.

*As Crianças Cristal têm fortes ligações com a energia da Terra, da natureza, da Lua e das estrelas.*

Essas crianças também são afetadas pelos ciclos da Lua. Petra relatou que sua filha Julie, de 3 anos, em geral dormia a noite toda sem problemas. Porém, nas noites em que a Lua estava cheia, Julie ficava acordada de uma a duas horas por noite.

## Habilidades mágicas

Algumas Crianças Cristal, além de terem inclinações espirituais e habilidades inatas de cura, são também alquimistas e mágicos divinos. Elas desafiam as leis da gravidade e movem coisas com o pensamento! Muitos pais compartilharam comigo histórias detalhadas sobre os feitos mágicos de seus filhos. Em alguns casos, eu apenas tive permissão para relatar as histórias sob a condição de anonimato. Os pais temiam repercussões se os dons de seus filhos fossem amplamente divulgados. No entanto, como testemunha dessas histórias, a minha opinião é de que elas são verdadeiras. Elas têm a emoção, o detalhe e a autenticidade que as distingue das histórias enganosas. Vou apresentar alguns breves exemplos e deixar que você seja o juiz.

Primeiro, a *psicocinese* é a habilidade de movimentar objetos físicos com a força da mente ou por meio de fortes emoções. Ela também ocorre quando a força pessoal de alguém interrompe a energia elétrica de aparelhos, relógios, baterias ou mesmo da iluminação pública. Como será apresentado adiante, algumas Crianças Cristal estão desempenhando façanhas psicocinéticas sensacionais.

Por exemplo, existe o caso de um garoto de 7 anos que mora na França, a quem vou chamar de Adam, uma vez que sua mãe e seu avô me pediram que sua identidade fosse protegida. Adam fala de vidas em outros planetas e várias vidas passadas, com detalhes sobre cultura, origem étnica e linguagem. A mãe de Adam comentou que, quando tinha 3 anos, ele a fez sentar e lhe disse: "Você sabe que não foi minha primeira mamãe. Eu escolhi você e o papai para serem meus pais agora, e vocês estão fazendo um bom trabalho".

Adam mostra, com frequência, suas habilidades psíquicas. Por exemplo, quando tinha 4 anos, ele disse à mãe: "Ah, seu pai não foi trabalhar hoje. O dia estava chuvoso e, em vez disso, ele saiu para dar uma caminhada". O avô de Adam mora nos Estados Unidos, onde o fuso horário em relação à França é de seis horas. Como ainda não era segunda-feira nos Estados Unidos, e o avô não trabalha aos finais de semana, Adam estava prevendo o futuro! Quando sua mãe ligou para o pai dela na noite seguinte, não ficou surpresa ao descobrir que a visão do filho era verdadeira.

A mãe de Adam falou que ele também tem poderes sobre objetos materiais. Ela relatou:

> "Um dia, Adam me mostrou como acender e reacender uma vela sem usar fósforo, quando estávamos do lado de fora, ao vento!
> 
> Adam tem poderes de concentração surpreendentes e pode fazer com que uma bola de borracha levite. Eu sabia que ele estava tentando fazer isso há algum tempo e, afinal, ele conseguiu. Ouvi o quicar da bola no assoalho e subi até seu quarto para ver o que ele estava fazendo. Ele tinha conseguido pelo menos duas vezes antes de eu

entrar no quarto. Ele quis me mostrar, e me mostrou. Não pude acreditar no que via! A bola levitou cerca de uns dois centímetros acima da colcha da cama dele e caiu batendo forte no chão, como se alguém a tivesse jogado ali!"

A mãe de Adam me disse que ela é cautelosa em relação às opiniões das outras pessoas sobre as habilidades do filho, uma vez que eles moram em uma comunidade religiosa fundamentalista na França. Além disso, ela se preocupa porque acha que Adam fica esgotado e vulnerável depois que levita objetos. Espera-se que os temores de sua mãe não sejam transferidos para Adam a ponto de fazê-lo abandonar sua mágica divina.

---

Uma outra mulher (que também pediu para permanecer no anonimato) recontou uma história similar sobre seu filho de 4 anos e sua filha de 4 meses. Ela relembrou que sua filha, com apenas algumas semanas de vida, tinha feito com que um brinquedo de madeira voasse pelo ar e pousasse a vários metros da posição original. Isso ocorreu na presença de quatro adultos e duas crianças. A mãe acreditou que sua filha tenha causado a psicocinese porque estava chateada por não ter sido amamentada de imediato. Ela também observou que seu filho era um bebê muito atento e capaz de manipular a matéria ao seu redor. Ela contou: "Lembro-me que, em mais de uma ocasião, ainda quando era um bebê de colo, ele desligou a televisão, quando quis a atenção integral que nós não estávamos lhe proporcionando a contento".

―⁂―

Semelhante ao caso acima, a filha de Tina, de 8 semanas, também pode manipular equipamentos eletrônicos. Tina explicou: "Levo minha filha para o trabalho comigo e, se eu a coloco muito perto do computador, o computador congela. Minha sócia no escritório perdeu seu monitor um outro dia e também tivemos problemas com nossa impressora. Vou colocar armações de Cristal em todos os meus equipamentos eletrônicos para dispersar as fortes ondas de corrente emitidas pela minha filha".

―⁂―

## Uma visita da alma

As almas amorosas das Crianças Cristal também podem nos visitar de forma mágica em nossos sonhos ou meditações, como anjos da guarda que entregam mensagens divinas. Laura Ainsworth estava com sua neta Beth, de 4 anos, meditando no chão do quarto. Em um primeiro momento, Beth sentou-se ao lado de Laura. Depois, enquanto Laura continuava a meditar, ela ouviu Beth sair do quarto em silêncio. Laura relatou:

"Não sei há quanto tempo eu estava meditando, quando ouvi Beth me chamando com uma voz suave: 'Nana'. E outra vez, um pouco mais alto: 'Nana!'. Abri os olhos e me deparei com ela envolvida em um cobertor, do lado de fora do quarto, e sorri. Ela disse, com um olhar penetrante e uma sinceridade apaixonada:'Estou aqui, caso você precise de mim'. Voltei para a meditação e, nem um minuto mais tarde, ouvi uma respiração bem pesada, quase um ronco. Beth estava profundamente adormecida do outro lado do corredor, em outro quarto".

---

O fato de seus filhos não estarem agindo como pequenos magos ou feiticeiros não os desqualificam como pertencentes à categoria de Crianças Cristal. Nem todas essas crianças desempenham feitos de magia. No entanto, não é maravilhoso saber que algumas delas exibem talentos que são muito prováveis que todos os humanos possuam? Mais uma vez, as Crianças Cristal apontam os caminhos possíveis para a humanidade... e modelam a estrada para todos nós.

*Capítulo 7*

# Conexão com a Natureza, Animais e Pedras

As Crianças Cristal parecem ser de outros planetas e outros reinos, e é evidente que têm um vínculo profundo com a Terra, a natureza e os animais. Essas crianças preferem estar ao ar livre, brincando entre as árvores, pedras, flores e na água, do que em qualquer outro lugar! Na verdade, alguns pais têm dificuldade em manter seus filhos dentro de casa. Outros dizem que uma excursão ao ar livre é um fator desencadeador instantâneo de elevação do humor quando suas Crianças Cristal se mostram amuadas. Como pequenos São Franciscos, essas crianças exibem uma pureza que faz com que os animais confiem nelas. É possível, inclusive, imaginar as flores, os pássaros e o sol cantando com alegria, tão felizes por estar em companhia de uma Criança Cristal encantadora.

## Amigos de quatro patas

Assim como a música doma as feras, as Crianças Cristal exercem um efeito hipnótico sobre os animais. Conforme já foi mencionado, elas podem brincar de forma ruidosa com cães de grande porte e gatos de garras afiadas sem nunca ficar machucadas. Os animais sentem a inocência nos corações dessas crianças. Os animais e as Crianças Cristal se comunicam por meio do comprimento da onda de amor e se entendem com perfeição.

Leah, com 1 ano e 3 meses, já tinha travado uma amizade profunda com os animais de estimação da família. Sua mãe, Cynthia, disse que, na verdade, o melhor amigo da Leah era o cachorro deles, Yogi. Cynthia explicou: "A primeira vez que Leah ficou de pé sozinha, foi quando se apoiou no Yogi. Em seguida, Yogi se afastou e ela se manteve de pé por conta própria. Foi fantástico, porque a maioria dos animais permite que ela toque e puxe-os, ou brinque de forma agressiva. É como mágica. Os animais a adoram!".

Abbie, de 3 anos, atrai animais de forma semelhante. Sua mãe Andrea relatou: "Eu a encontro, muitas vezes, sentada com nosso cachorro ou nossos gatos, abraçando-os e sem abrir a boca. Isso se prolonga por minutos a fio. Parece que ela tranquiliza os animais".

Isabella, com 1 ano e 6 meses, nadou duas vezes com golfinhos selvagens em Kona, no Havaí. Sua mãe, Phillipa, disse que, durante ambas as vezes, eles foram bastante atraídos por Isabella. "Os golfinhos vieram direto na sua direção, mergulharam sob ela, e iam e vinham de tempos em tempos".

Animais domésticos e selvagens também são atraídos por Crianças Cristal, quando sentem o amor e a confiança desses seres especiais. Quando Hannah Caldwell, com 1 ano e 6 meses, foi ao zoológico com sua mãe Pam, os animais arregalaram os olhos para a garota, e não o contrário!

Uma mãe gorila tinha um bebê com uma idade próxima à de Hannah. Pam comentou: "A gorila e eu éramos ambas mães em fase de amamentação e senti um enorme vínculo com ela". A mãe gorila observou Hannah e caminhou até o vidro que as separava. A gorila e Hannah travaram olhares e se entreolharam com carinho. Pam recordou: "Depois, a gorila olhou para mim e, gentilmente, colocou sua mão no vidro na direção do meu rosto. Coloquei minha mão contra a dela. Foi uma conexão inacreditável. E como ela estava atraída por Hannah!".

Por fim, Hannah e Pam se despediram de sua nova amiga e caminharam até a área dos leões. Mãe e filha olharam pelo vidro em direção aos leões esparramados em uma área bem grande. Pam rememorou:

> "De repente, uma leoa olhou para algo que lhe chamou a atenção. Levantou-se e caminhou até aquele ponto, totalmente atraída por qualquer coisa que estava do outro lado da parede de concreto. Veio bastante concentrada e focada durante todo o trajeto. Acompanhei seu olhar para ver o que é

que tanto a interessava. E era para minha filha que ela estava olhando! Elas estavam cara a cara, separadas pela parede de vidro do zoológico, mas totalmente conectadas. A leoa estava muito atraída por Hannah! É como se Hannah fosse a atração do zoológico, e não o contrário. O espetáculo atraiu uma enorme multidão e todos ficaram se perguntando o que havia de tão especial naquela garota para ela ter captado a atenção total daquela bela leoa".

## Empatia pela natureza

Além de fazer amizade com animais, uma característica-chave das Crianças Cristal é sua profunda empatia, a qual é direcionada, em particular, para a natureza. As Crianças Cristal sentem as emoções e as sensações dos animais, dos insetos e das plantas. Elas dão voz à natureza e nos fazem lembrar que tudo e todos têm sentimentos.

- Andrea contou que sua filha Abbie, de 3 anos, não deixa ninguém matar insetos, nem mesmo aranhas grandes e assustadoras. "Deus os fez", diz Abbie aos adultos preparados para exterminar insetos. Sempre achamos que os insetos são de domínio dos meninos, mas a ala feminina das Crianças Cristal não faz discriminação em relação aos seus amigos da natureza. Elas gostam tanto de insetos quanto de outras criaturas vivas.

- Quando os pais de Robert, de 6 anos, instalaram uma piscina em seu quintal, foi necessário remover dois salgueiros. Ao ver a motosserra, Robert correu até as árvores, abraçou uma por vez e derramou muitas lágrimas por elas.

- Chad, de 7 anos, demonstrou empatia pela natureza desde que era bebê. Uma ocasião, ao cair a folha de uma árvore, Chad disse à mãe: "Ah, aquela pobre folha que está caindo no chão deixou sua família!".

- Quando lagartos entram na casa da família, Liam, de 7 anos, os pega com delicadeza e os leva para fora. À medida que faz isso, ele diz aos lagartos coisas do tipo "Você deve ir para casa, pois seus bebês estão esperando por você", ou "Você precisa ir lá para fora e pegar alguma comida. Eu sei que você está com fome". A mãe de Liam disse que o garoto sabe o que os lagartos pensam e sentem. Ele diz aos lagartos para não terem medo, e os lagartos entendem.

- Alguém, uma vez, pegou uma flor e a entregou a Cristal, de 2 anos, e ela ficou muito chateada. Cristal foi até o caule, ainda preso ao solo, e tentou recolocar a flor que tinha sido arrancada.

> *As Crianças Cristal nos ensinam sobre a magia da natureza e nos deixam cientes de que tudo está vivo.*

- Alice, de 5 anos, tem uma grande paixão pelas plantas e fica chateada quando sua mãe poda as plantas ou remove as folhas ou flores que estão morrendo.
- Isaac, de 6 anos, mostrou à sua avó, Laura, um seixo liso de cristal que ele tinha na mão. Isaac explicou que tinha pegado o seixo de cristal na estrada, porque não queria que a pedra fosse atropelada por um carro.
- Zoey, de 3 anos, abraça as árvores e beija as folhas secas ou as folhas que foram despedaçadas.

## *Grandes espaços ao ar livre*

Com seus corações abertos e disposições radiantes, não é de admirar que as Crianças Cristal prefiram passar seu tempo ao ar livre com animais, plantas e ar fresco. As Crianças Cristal são partidárias da beleza natural em oposição à artificialidade.

Por exemplo, elas gostam de tirar suas roupas, cavar buracos na terra e inspecionar colônias de formigas. As Crianças Cristal veem beleza em detalhes da natureza, e ficam sentadas, imóveis, por longos períodos apenas contemplando as plantas ao vento.

Conchita comentou que seu filho Nathan, de 1 ano e 8 meses, é um verdadeiro amante da natureza. "Temos de trancar todas as portas para mantê-lo dentro de casa. Ele prefere ficar sem roupa quando em contato com a natureza, sempre que é possível. Ele ama brincar na água e misturar água com terra e depois comer".

Talvez, uma razão para que as Crianças Cristal amem tanto a natureza seja o fato de elas se comunicarem com as plantas e com os animais. Magda contou que sua filha Taylor, de 4 anos, sempre conversava com as flores. Magda explicou: "Taylor diz às flores como elas são lindas. Ela também fala com os insetos pequenos e tenta reconfortá-los".

As Crianças Cristal nos ensinam sobre a magia da natureza e nos fazem ter consciência de que tudo está vivo. Shawn e Keli Carpenter disseram que seu filho Corbin, de 3 anos, tem relacionamentos significativos com as árvores. Os Carpenters explicaram: "Corbin nos diz o que as árvores dizem, sentem e fazem. Ele também tem consciência de que existe espírito em todo tipo de vida e pode se comunicar com pássaros, peixes, plantas, insetos e pedras, apesar de parecer que sua relação com as árvores seja mais forte".

E Colin, de 4 anos, um dia, ao caminhar ao ar livre com sua mãe, parou, olhou para uma árvore e se apoiou contra ela. Suspirou e disse: "Mamãe, eu sinto o amor da árvore. Sinto seu coração!".

A natureza é uma grande enaltecedora de humores para todos, incluindo as Crianças Cristal. Amanda contou que, quando sua filha de 1 ano e 2 meses fica chorosa, tudo o que ela tem de fazer é levá-la para fora de casa. "Ela fica alegre e tranquila de imediato, só de andar na grama ou pegar na terra".

Não é necessário nenhum brinquedo elaborado para entreter essas crianças especiais. Basta levá-las para o ar livre para que fiquem imóveis contemplando o movimento das folhas, as aranhas e os pássaros. Rihana, de 1 ano, fica amuada quando passa muito tempo dentro de casa. A mãe de Rihana disse que a garota é fascinada por tocar as árvores, sentir a grama e perseguir as folhas ao vento.

Mesmo as Crianças Cristal mais velhas preferem a natureza em vez de brinquedos manufaturados. Haley, de 6 anos, quis desatravancar seu quarto e se livrar dos brinquedos que já não usava mais, e então os vendeu na garagem da família. Ela e sua irmã faturaram 192 dólares com a venda. Em vez de adquirir mais brinquedos, elas compraram uma nova árvore para o quintal da família.

Com toda essa afeição pelo mundo ao ar livre, não é de surpreender que as Crianças Cristal tenham preocupações ambientais desde muito pequenas. Muitas dessas crianças são protetoras da mãe Terra. Por exemplo, Nicky, de 5 anos, lembra, com frequência, de dizer à mãe para não desperdiçar água. Ele também é consciente em relação aos efeitos da eletricidade sobre o meio ambiente. Nicky apaga as luzes quando sai de uma sala ou quarto e não as acende até que o Sol se ponha.

## *Crianças Cristal e as pedras*

Faz todo o sentido que as Crianças Cristal sejam fascinadas por cristais e pedras. Elas são muito sensíveis à energia da força vital. Essas crianças sabem que o reino mineral é tão vivo quanto os outros reinos de Deus. Para uma Criança Cristal, uma formação rochosa bonita é tão merecedora de afeição e atenção quanto uma pessoa ou um animal. Todos eles são criaturas de Deus, aos olhos de uma Criança Cristal.

Quando Victoria, de 3 anos, visitou as piscinas naturais do mar do sul da Califórnia, com seu o pai e sua avó, ela estava em seu *habitat*! Colocou o ouvido nas rochas do mar e falou e ouviu a cada uma delas. Sua avó contou: "Ela atraiu uma multidão, pois ficou muito claro a todos que Victoria estava conversando com aquelas rochas".

As pedras de cristal são usadas, há muito tempo, em cerimônias espirituais e em trabalhos de cura para direcionar e amplificar a energia divina. Os cristais de quartzo também são usados em aparelhos eletrônicos, como rádios e relógios, para aumentar os sinais elétricos. Algumas pessoas acreditam que as civilizações antigas usavam cristais para transporte e iluminação, e há teorias de que a Arca da Aliança era constituída de cristais impregnados com intenções voltadas para a energia perpétua.

As Crianças Cristal sentem os impulsos emitidos pelos cristais e respeitam suas propriedades e poderes mágicos. Muitas dessas crianças sabem, de maneira intuitiva, como trabalhar com cristais em curas, sem treinamento formal.

Carri Lineberry é mãe de duas filhas, Shailyn de 4 anos e Maia de 3 anos. Carri disse que as meninas adoram lidar com sua coleção de pedras polidas de cristal. Várias vezes, elas demonstraram um conhecimento sobrenatural em relação ao poder desses cristais.

Por exemplo, Maia guardava um geodo* com cristal ametista sob sua cama. Carri comentou: "Encontrei isso lá um dia e o coloquei para fora. Maia descobriu, de imediato, que a pedra tinha sido tirada dali, colocou-a de volta e me informou que ela deveria ficar lá".

Em outra ocasião, Shailyn subiu na cama com Carri. Shailyn viu um cristal de quartzo rosa na mesa de cabeceira da mãe e o pegou. Carri relembrou: "Eu tinha acabado de comprar aquele cristal e Shailyn ainda não o tinha visto".

Shailyn colocou a ponta do cristal no centro da testa de Carri e disse: "Mamãe, posso consertar as pessoas com esta pedra. Sabe que podemos fazer cirurgia com isto?!". Shailyn continuou a colocar o cristal em diferentes partes do corpo de Carri com o mesmo grau de confiança que podemos verificar em um curador de energia experiente.

Carri, por fim, perguntou à Shailyn onde ela tinha aprendido a usar o cristal para cura, e a menina respondeu, em tom casual: "Com Jesus".

Carri lembrou que a energia no quarto estava calma e serena. Ela comentou: "Eu tive arrepios. Nunca vou me esquecer daquela manhã e do vislumbre que tive de um outro tempo e lugar".

Issac, de 4 anos, filho de Judy Springer, também tem uma sabedoria inexplicável sobre cristais. Uma vez, ele disse para sua mãe, de repente: "Sabe, os cristais

---

*N.T.: Geodo é uma cavidade rochosa, de tamanho variado, que pode ser oca ou parcialmente preenchida e revestida de cristais ou outra espécie mineral.

se desgastam quando ficam guardados em casa por muito tempo. Se isso acontece, temos que colocá-los lá fora por muito, muito tempo".

Algumas Crianças Cristal recebem informações sobre o uso dos cristais de seus guias e anjos. Porém, outras Crianças Cristal recordam os conhecimentos por meio de vidas passadas.

Stephen e Karen Williams disseram: "Nossa filha Sabrina, de 5 anos, desenvolveu uma paixão imediata pelos cristais, quando os apresentamos. Ela aprendeu, com rapidez, sobre os diferentes tipos de cristais. Agora, ela nos ajuda a selecioná-los na hora de comprar".

Uma noite, Sabrina disse que precisava de uma cura de Cristal. Depois de ela selecionar alguns cristais, sua mãe começou a lhe ensinar sobre o sistema de chacras no corpo humano. Karen ia contar a Sabrina como se coloca os cristais nos chacras, quando esta disse: "Mamãe, eu sei aonde eles vão. Já fiz tudo isso antes", e começou a colocar os cristais no seu corpo para a autocura. Karen comentou que, ao ver sua filha trabalhando com os cristais naquela noite, ficou convencida de que a ligação de Sabrina com cristais ia além da vida atual.

Talvez a ligação das Crianças Cristal com vidas passadas seja uma razão para que elas gravitem em torno de instrumentos de cura testados ao longo do tempo, tais como cristais, labirintos e rodas de cura.

Um dia, uma menina de 6 anos demonstrou ter um conhecimento estranho sobre essas rodas. Carolyn contou que estava cortando a grama, quando sua filha Haley disse que queria lhe mostrar o espaço para meditação que havia criado. Dentro do quarto de Haley, Carolyn viu que sua filha amarrou cobertores na mobília para criar um espaço sagrado. No meio, Haley colocou seus cristais e pedras especiais em um círculo. Haley explicou à sua mãe que tinha sentado no centro para meditar.

Carolyn recordou:

> "O quarto estava cheio de paz e o círculo sagrado que ela criou era admirável. Poucas noites depois, Haley pediu que me sentasse no círculo de pedras com ela e me falou tudo sobre cura. Ela compartilhou a importância do círculo comigo, fez com que eu segurasse um cristal de quartzo e, depois, deu-me instrução para segurá-lo junto ao coração. Em seguida, levantou-se e invocou anjos em volta do círculo e pediu para que o Arcanjo Rafael entrasse no centro conosco. Colocou um quartzo rosa, em formato de coração, próximo de onde ela viu Rafael, de modo que a energia cheia de amor para a cura ficasse na frente e no centro. Haley sabia o que estava fazendo. Era inacreditável!".

Mesmo que seu filho não realize cerimônias de cura com cristais, é possível notar quando ele tem uma afinidade com essas pedras mágicas. Mary Marshall me falou que seu filho, de 4 anos, adora tanto cristais que os carrega consigo e até dorme com eles. Mary disse: "Ele está na pré-escola e, para um projeto de aula, tinha de levar algo para a escola que começasse com a letra C. Ele decidiu levar alguns cristais".

Petra disse que, quando sua filha Julie, de 3 anos, passou a ter dificuldades para dormir, os cristais foram a solução. Petra recordou que Julie, de repente, não queria dormir sozinha e estava acordando cinco ou seis vezes por noite. Por fim, Petra teve uma conversa com ela e soube que sua filha via fantasmas no quarto.

Petra resolveu o problema criando um ritual na hora de dormir que passou a realizar todas as noites com Julie. Petra ordenava, com carinho, que os fantasmas saíssem do quarto e, em seguida, colocava um quartzo rosa e um cristal de ametista na cama de Julie, e um cristal de quartzo claro na janela. Isso mantinha a energia do quarto livre de visitantes indesejáveis, e Julie passou a dormir a noite inteira.

Outra mãe também descobriu que os cristais ajudavam seu filho a dormir melhor. Laura Halls, uma curadora psíquica profissional, recebeu uma mensagem intuitiva para que construísse uma rede energética de cristal no quarto do filho. Ela colocou um cristal de hematita no centro exato do quarto, e quatro cristais de rodocrosita em cada um dos cantos. Laura, então, visualizou uma rede de energia com uma linha que corria entre cada um dos cristais e formava um ponto alto no centro, acima da hematita. Ela também providenciou a colocação de um espelho etéreo no topo da pirâmide para refletir a negatividade para cima e para longe do quarto. Depois, Laura invocou os anjos e os guias do filho para protegê-lo.

Ela comentou que o filho passou a pegar no sono mais rápido e a dormir a noite toda. E recordou: "A temperatura subiu no quarto do meu filho, dois dias depois que fizemos a rede de energia de cristal, por causa do grande fluxo de energia positiva que foi gerado no quarto!".

## Algumas orientações sobre cristal

Visto que as Crianças Cristal têm uma relação simbiótica com os cristais, você pode apresentar essas pedras incríveis para suas crianças. Pode comprar cristais em livrarias esotéricas, lojas especializadas em cristal ou em pedras e em feiras de joias e pedras preciosas. Tenha em mente que os cristais naturais possuem correntes de energia mais fortes do que as variedades sintéticas (artificiais).

Connie Barrett, que teve uma loja de cristais por muito anos, recomendou que fosse permitido às crianças escolher seus próprios cristais. Ela disse que, muitas vezes, elas sabem, com precisão, qual pedra irá ajudá-las a se sentirem mais calmas e mais tranquilas. Connie comentou:

> "Uma vez, uma mãe e seu filho visitaram minha loja, e ela me contou vários problemas da criança, enquanto o menino tentava lhe dizer que já tinha encontrado o cristal que queria.

A mãe virou-se para ele e disse: 'Você pode ficar quieto por um minuto? Estou perguntando para a senhora qual é o melhor cristal para a sua asma.

Pedi para ver qual era o cristal que o menino tinha escolhido. Ele me mostrou uma rodocrosita, pedra que é recomendada para asma, em função de se acreditar que ajuda a relaxar os músculos do plexo solar. Eu disse à mãe que seu filho tinha feito um trabalho excelente ao escolher o cristal de que precisava".

As crianças têm habilidades intuitivas quando selecionam seus próprios cristais. Isso não significa que não possa dar a eles os cristais que você acha que eles vão gostar. O mais provável é que elas gostem de qualquer cristal que você lhes dê.

Se seu filho ainda é muito pequeno, lembre-se que as pedras pequenas podem ser engolidas. Não deixe bebês sozinhos com pedras de cristal e coloque-as fora de seu alcance. Ou compre uma pedra grande com bordas lisas, para que um bebê não possa colocá-la na boca e nem se cortar com arestas afiadas. Além disso, explique às crianças pequenas que elas não devem atirar as pedras!

Connie disse que, tão importante quanto a liberdade que as crianças devem ter para escolher as pedras que julguem corretas, é conhecer cristais em particular que podem ser úteis para determinadas condições e problemas infantis.

- **Pesadelos/insônia:** *Ametista* – coloque-a na mesa de cabeceira da criança ou debaixo do travesseiro.
- **Desgosto ou tristeza:** *Quartzo rosa* – segure-o sobre o coração da criança ou deixe-o ser usado como um pingente, sobre o peito.
- **Questões de autoestima e autoconfiança:** *Citrino* – pode ser usado como um anel ou colar, ou colocado em qualquer lugar no quarto.
- **Concentração, foco e estudo:** *Cornalina* (para ficar focado no presente) ou *sodalita* (para resolver confusão mental) – coloque na área de estudo da criança.
- **Sobrecarga emocional:** *Selenito* ou *pedra da lua* – para ser usada como um pingente de colar ou esfregada sobre a testa e as têmporas.
- **Paciência:** *Rodonita* – a criança deve esfregar a pedra na mão quando se sentir impaciente.
- **Comunicação:** *Turquesa* (se a criança tem dificuldade de pedir ajuda aos outros); *ágata laço azul* (útil para comunicação pacífica); *amazonita* (ajuda a ter coragem para falar a verdade) – são efetivas em especial quando usadas como colar ou em um pingente colocado nele.

Após comprar um cristal, retire a energia do antigo dono da pedra, colocando-a ao sol por pelo menos quatro horas. Na ausência da luz solar, coloque a pedra na água, misturada com sal marinho. Não deixe a pedra de molho por muito tempo, pois o sal pode corroer o cristal. Depois, peça para sua Criança Cristal segurar a pedra próximo ao coração e mentalizar desejos ou intenções que serão inseridos na pedra. Por exemplo, a criança pode ter a intenção de fazer com que o cristal ajude em curas físicas, ou noites melhor dormidas. Se alguma energia negativa rodear o cristal, limpe-o outra vez à luz do sol ou com água e sal. Isso pode ser feito com regularidade.

## Natureza divina

A poetisa Dorothy Frances Gurney escreveu: "Estamos mais perto do coração de Deus num jardim do que em qualquer outro lugar na Terra". As Crianças Cristal sabem disso por instinto, e estão sintonizadas com a divindade da natureza. A natureza é sua igreja, seu templo, seu local para tocar, cheirar e estar ciente de Deus.

Colin, de 4 anos, e sua mãe estavam caminhando em um bonito jardim japonês, quando o menino parou e exclamou: "Mãe, isso é tão maravilhoso! Sinto a presença de Deus e dos anjos aqui!".

Kate Mitchell, proprietária de uma loja de cristais em Los Angeles, relatou que um menino de 5 anos, chamado Alex, visitou sua loja com a mãe, há pouco tempo. Alex viu um conjunto grande de cristal de quartzo por 500 dólares e exclamou para a mãe: "É isso que eu quero que o Papai Noel me traga no Natal!" Sua mãe hesitou e disse: "Você não gostaria de pedir um Nintendo como as outras crianças?". Alex respondeu com um "não!" determinado, e então ela perguntou: "Alex, por que você quer tanto *este* cristal?". E ele respondeu: "Porque é natural e Deus o fez".

Tenha certeza de que o Papai Noel trouxe para o pequeno Alex seu conjunto de cristais no Natal.

*Capítulo 8*

# Anjos e Amigos Invisíveis

Pode-se ver bebês Cristal contemplando o espaço, com os olhos e a cabeça focados e movendo-se à medida que olham para os anjos. Muitas vezes, esses olhares são acompanhados por ininteligíveis "conversas" com o mundo oculto. Muitos pais com quem falei estão convencidos de que suas Crianças Cristal bebês (por vezes chamadas de "Cristalinas") veem anjos e entes queridos falecidos. Bem, é claro! Por que uma das gerações mais psíquicas de todos os tempos não nasceria clarividente?

Muitas gerações de humanos produziram bebês e crianças psíquicas. A geração de Crianças Cristal, entretanto, está preparada para manter seus dons espirituais na vida adulta. Uma das razões para tal é que, nesta nova era de abertura espiritual, os pais apoiam mais as habilidades psíquicas das Crianças Cristal. As gerações anteriores de pais, com medo de tudo que fosse psíquico, condenavam as pessoas que viam ou ouviam anjos.

Tara Jordan e sua família rezam todas as vezes que se sentam à mesa para o jantar. Um pouco depois que seu filho completou 1 ano e 1 mês, ele começou a chamar por Jesus durante a oração do jantar.

Tara comentou:

> "Grant olha para cima enquanto rezamos e pode-se dizer que ele vê Jesus, anjos ou espíritos em um plano diferente. Ele olha para cima e acena para o que parece ser o nada. Ele chama pelo nome de Jesus e diz 'Oi' como que a cumprimentá-lo. Ele, então, olha para o quadro que temos de Jesus em *A Última Ceia* e acena outra vez. Não tenho dúvidas de que Grant vê e sente o mundo espiritual".

Graças ao apoio de seus pais e avós, as Crianças Cristal mantêm suas habilidades psíquicas à medida que envelhecem. Elas têm uma afinidade natural com anjos, visto que podem sentir o amor incondicional dos seres celestiais. E também adoram quando seus pais as ensinam sobre os anjos e usam esse conhecimento para se aproximar do céu de uma forma ainda mais profunda.

Carolyn levou meu livro *Healing with the Angels* com ela durante uma viagem de emergência até o hospital, quando sua filha Haley, de 5 anos, quebrou o braço. Ao ler uma oração para cura, Carolyn pediu que Haley chamasse pelo Arcanjo Rafael (o Anjo das Curas Físicas) para ficar com ela e ajudá-la a curar com mais rapidez e levar a dor embora. Depois disso, sempre que o braço da Haley começava a doer, ela chamava por Rafael.

Quando os médicos examinaram Haley, eles se espantaram com a calma da garota. Carolyn e seu marido Mike também estavam impressionados com o estado de relaxamento de Haley e com o fato de eles também se sentirem tranquilos. Afinal, Carolyn fica chorosa e muito assustada quando uma de suas crianças se machuca. Os anjos, com certeza, influenciaram a todos de forma positiva.

Enquanto os médicos colocavam o gesso no braço de Haley, Carolyn notou uma enorme sensação de paz na sala de emergência. Mais tarde, Haley disse: "Olha, mamãe, meu gesso é verde, e verde é a cor do Rafael para a cura".

Desde então, Haley passou a falar, trabalhar e aprender com os anjos. Carolyn deu o pontapé inicial no processo e, a partir daí, Haley e seus anjos deram continuidade. Uma noite, Haley começou a compartilhar a sabedoria que havia aprendido. Ela se ajoelhou em uma espécie de pose de oração e começou a contar para a mãe as visões maravilhosas e o grande conhecimento que tinha adquirido com os anjos. Carolyn disse: "Senti como se Haley fosse um anjo canalizando essa sabedoria".

Carolyn relatou as informações compartilhadas por Haley sobre os arcanjos Rafael, Gabriel e Miguel:

"Primeiro, Haley falou que estes anjos eram grandes, que seus pés ficavam todo o tempo sobre o chão e que eram como árvores gigantes subindo em direção ao céu. Ela admitiu que, a primeira vez que viu os anjos, havia muitos em seu quarto e ela teve receio de que fossem fantasmas. Mas logo viu suas asas e soube que eram anjos e, então, se sentiu segura.

Haley disse que o Anjo do Conhecimento estava trabalhando com ela. Uma noite, ela perguntou a esse anjo o que significava a palavra *atividade*. O anjo lhe disse que significava 'muitas coisas acontecendo'. Haley contou que os anjos a ensinavam leitura e matemática. Sua professora do jardim da infância corroborou essas informações ao me dizer o quanto estava impressionada com o vocabulário de Haley.

Em outra ocasião, Haley me perguntou o que significava a palavra *anestesia*. Perguntei onde ela tinha ouvido essa palavra, e ela me respondeu que Rafael a tinha usado durante um ensinamento sobre cura na noite anterior. Haley disse que, às vezes, quando brinca em seu quarto, ela não fica sozinha. Ela brinca com Rafael e outros anjos."

## Crianças psíquicas, pais psíquicos

Os anjos ficam à nossa volta e as Crianças Cristal se comunicam de forma confiante com eles. Ao conhecer uma Criança Cristal, você passa a ter acesso ao seu próprio desenvolvimento psíquico!

Cristal, mãe de Zoey, comentou: "Assim que Zoey nasceu, comecei a ver anjos e parentes falecidos. Minhas habilidades psíquicas realmente se abriram". Uma das razões para as Crianças Cristal serem catalisadoras das habilidades psíquicas dos outros tem a ver com a poderosa energia de amor delas. Este amor abre nossos chacras, em especial na área do coração. Passamos a não ter medo do amor, o que nos faz mais conscientes da presença afetuosa dos anjos.

> *É perfeitamente normal, e até mesmo saudável, que as crianças tenham "amigos invisíveis", ou seja, seres que, em geral, são seus anjos da guarda ou guias espirituais.*

Cristal disse que começou a ver esferas de luz em volta de Zoey. As esferas aparecem, inclusive, nas fotografias da menina!

Muitos pais e avós com quem conversei comentaram ter visto luzes brilhantes, auras incandescentes e até anjos em volta de suas Crianças Cristal. Cindy Goldenberg afirmou ter notado esferas branco-azuladas de luz ao redor de sua filha, enquanto ela dormia. Cindy disse: "Ao mexer no cobertor da Kirsten, as esferas se movimentaram sob o cobertor e continuaram a brilhar".

Cindy incentiva a clarividência de Kirsten, e disse que sua filha, aos 5 anos, era muito precisa na "leitura" que fazia das pessoas com base nas cores de suas auras. Cindy e Kirsten borrifam "pó de anjo e fada" sobre as manchetes do jornal para que as situações e as pessoas envolvidas sejam curadas. Elas formam um bom exemplo de mãe e filha unindo seus dons espirituais.

## Amigos invisíveis

É bastante normal, e até mesmo saudável, que as crianças tenham "amigos invisíveis", ou seja, seres que, em geral, são seus anjos da guarda ou guias espirituais. Quando os pais dão apoio ou incentivam o relacionamento dos filhos com amigos invisíveis, as crianças se sentem prestigiadas por ter habilidades naturais dadas por Deus.

Algumas vezes, os amigos invisíveis são arcanjos que ajudam as crianças com propósitos de vida importantes. Ou os amigos invisíveis podem ser anjos guardiões que ajudam as crianças a eliminar o medo. Os amigos invisíveis podem até ser parentes, amigos ou mesmo animais de estimação que já tenham falecido.

Há vários anos, uma mulher chamada Melissa ficou grávida de um homem que ela adorava e amava. Entretanto, o homem não estava interessado em relacionamento ou bebê. Melissa não disse para seu filho Liam que estava grávida. Apesar disso, um dia Liam fez um desenho e deu para a mãe, explicando que aquele era o retrato de seu irmão (Melissa tinha apenas um filho naquela época).

Por fim, Melissa fez a difícil escolha de interromper a gravidez, sem dizer a Liam. Uma semana mais tarde, Liam disse que seu irmão mais novo disse a ele: "Decidi não vir ainda, mas tudo bem, eu te amo". O irmão mais novo disse que estava tomando conta de Melissa como um anjo guardião até ficar pronto para nascer como uma criança. Quando esse momento chegasse, os dois irmãos iriam tomar conta da mãe.

Melissa contou que Liam é bastante clarividente. Uma vez, ela fez uma meditação para descobrir qual era o seu "animal de poder" (algumas tradições acreditam que temos um guia espiritual animal que pode não ser um animal de estimação falecido). Durante a meditação, Melissa descobriu uma leoa à sua volta. Ela estava sentada em sua poltrona de couro, concentrada na meditação, quando Liam entrou no quarto. Ele perguntou como aqueles grandes arranhões tinham surgido nos braços da poltrona. Quando Melissa disse que não sabia, Liam respondeu sua própria pergunta.

"Mãe, você sabe que foi sua leoa que fez isso aí!", ele disse.

"Minha leoa?", Melissa perguntou.

"Sim, a leoa que fica à sua volta, mãe. Você não a vê?".

Liam explicou que ele sempre viu a leoa com sua mãe e que a grande felina dormia ao pé da cama dela, à noite.

Melissa comentou: "Fiquei maravilhada!". E depois acrescentou: "Graças a Deus. Sou tão abençoada e honrada por ter meu filho. Ele é minha luz e minha força".

Uma razão por que os pais não devem se preocupar com as habilidades psíquicas de seus filhos é que esses dons podem ajudar as crianças a se curar de sofrimentos físicos e emocionais. Essas são habilidades de Deus para autocuras estabelecidas em cada um de nós.

Por exemplo, Sabrina, de 5 anos, estava agoniada quando uma amiga morreu. Ela recebeu conforto dos anjos com os quais mantinha relacionamento constante.

Porém, ela ficou aliviada de sofrimento emocional apenas quando viu sua amiga no mundo espiritual.

Sabrina contou que, durante o sono, ela tinha conversado com sua amiga, que sorria e estava de pé sob um arco-íris. Um tempo depois, a mãe da Sabrina repassou essa mensagem para os pais da amiga, que contaram que a filha, em seu último desenho, havia retratado a si mesma, de pé, debaixo do arco-íris.

## Memórias de vidas passadas

Algumas das Crianças Cristal falam de memórias vivas de outros tempos. Isso, em si, não é muito incomum, uma vez que as crianças costumam falar sobre vidas passadas. A novidade, em termos de evolução, é que os adultos agora permitem e dão mais credibilidade às discussões sobre as vidas passadas dos filhos.

Isso contribui para que as crianças mantenham essas memórias vivas, sem ter que escondê-las.

Ao percebermos que a vida é eterna, perdemos nossa preocupação com a morte. Além disso, liberamos a ansiedade perpetuada por algumas religiões sobre inferno e condenação. E, quando nos libertamos daqueles medos, ficamos livres para viver de forma plena.

Aqui estão alguns exemplos de crianças que se lembram de outras vidas:

- Robert, de 6 anos, falava com frequência de seus "antigos pais", aqueles que ele teve antes de vir para a barriga da mamãe. Ele descreveu sua vida com eles em detalhes. Robert disse à mãe que viu lá do céu quando ela sacudiu a coisa na mão e essa coisa ficou azul (um kit de teste de gravidez) e que depois ele veio para dentro de sua barriga.
- Beverly Moore disse que seu filho Ethan, de 5 anos, parece se lembrar de muitas de suas vidas passadas. Beverly relatou: "Ethan fala muito sobre suas vidas passadas. Ele sempre dizia: 'Você se lembra de quando eu tinha a sua idade e você a minha?'. Ele me contou que foi minha mãe uma vez, e em outra vez, meu pai".
- Evan, de 5 anos, discutia o tema 'garotas' com Nathan, seu irmão mais velho. De repente, Nathan falou: "Evan, como você poderia saber seja o que for sobre garotas? Você tem apenas 5 anos de idade!". E Evan respondeu de imediato: "Ah,

pelo amor de Deus, Nathan. Eu fui mulher pelo menos 60 vezes!".

Algumas das Crianças Cristal estão neste planeta em sua primeira vida e, ter uma vida terrestre, pode parecer estranho ou perturbador para elas. Cathy contou que seu filho William, de 3 anos, sentou-se em seu colo e perguntou se eles poderiam ir para casa. Cathy respondeu para William: "Mas nós estamos em casa". Ao que ele então retrucou: "Estamos?". Finalmente, Cathy percebeu que William estava se referindo a uma preexistência sobrenatural e, portanto, disse, com doçura, a seu filho: "Estamos aqui na Terra porque precisamos estar e a nossa casa não está assim tão longe". Isso pareceu satisfazer William.

---

Parte de nosso trabalho como guardiões adultos de Crianças Cristal é mostrar-lhes os caminhos na vida terrestre. Isso inclui ajudá-las a permanecer abertas de forma psíquica, ensiná-las a eliminar as energias menos elevadas e capacitá-las por meio de conhecimentos. Elas são como lindos botões de flores, e nós, os jardineiros adultos, temos a função de transformar as Crianças Cristal em buquês totalmente abertos.

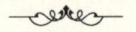

*Capítulo 9*

# Dom para Música, Artes e Entretenimento

As Crianças Cristal são multitalentosas. Além de adoráveis, psíquicas e gentis, elas também são dotadas de um talento natural para as artes. Muitas delas possuem habilidades musicais e aptidões artísticas. Algumas são talentos-prodígio sem ter tido nenhum aprendizado formal. Mais uma vez, as Crianças Cristal são modelos a ser seguidos e nos mostram o que há de melhor na natureza humana.

## *Músicas no coração*

Muitas Crianças Cristal começam a cantar antes de pronunciar palavras. De fato, a avó de Saharah contou que ela saiu do ventre da mãe sussurrando. Aos seis meses de idade, Saharah não dizia uma palavra, mas cantarolava com perfeita sintonia.

Evie, outra mãe de Criança Cristal, comentou que sua filha de 2 anos aprendeu a falar por meio da música. Evie recordou: "Quando Meishan começou a falar, ela cantava pequenas músicas para se comunicar conosco. Ela adora música!".

Muitos dos pais que foram avaliados para este livro me disseram que suas Crianças Cristal possuíam um talento musical inato. Por exemplo, Cindy contou que sua filha Kirsten, de 5 anos, tinha uma bela voz para cantar. O que surpreende é que, uma vez, de acordo com Cindy, ninguém na família conseguia sequer tocar algum instrumento. Kirsten, no entanto, podia imitar, de imediato, qualquer música que ouvisse e com afinação perfeita.

Vários pais me disseram que seus filhos cantavam com frequência. Por exemplo, Emily de 3 anos, compunha de forma contínua, cantava músicas tradicionais e cantigas infantis, e recriava as melodias que ouvia no rádio. Ela dançava o tempo todo com qualquer música (às vezes, até sem música!). Sua mãe Wendy planeja inscrevê-la em uma escola de dança, quando ela estiver um pouco mais velha.

É pela aptidão musical que se evidencia a inteligência elevada das Crianças Cristal. Por exemplo, William, de 3 anos, conhece as palavras de todas as músicas que tocam na estação de rádio Disney. E Erin, de 1 ano e 3 meses, aprendeu sozinha como se harmonizar com as músicas no rádio enquanto canta em perfeito uníssono.

> *É pela aptidão musical que, de modo frequente, se evidencia a inteligência elevada das Crianças Cristal.*

## Artistas criativos

As Crianças Cristal também amam desenhar, pintar e criar. Eles se entretêm por horas com um mero bloco de desenho e lápis de cor. A criatividade elevada das Crianças Cristal reflete o estilo dominante de seu cérebro direito, que também faz com que sejam:

- conscientes de suas emoções,
- intuitivas,
- avançadas em habilidades motoras,
- filosóficas,
- espiritualizadas e
- musicais.

Os indivíduos com o lado direito do cérebro dominante raciocinam com imagens e sentimentos, em oposição às palavras. Sua orientação visual lhes dá um faro artístico e uma memória fotográfica. Alguns de seus trabalhos de arte são originados a partir de cópias de imagens que encontram em suas mentes.

Rosa McElroy contou que sua filha Audrey, de 5 anos, demonstrou um talento verdadeiro para trabalhos artísticos. Rosa relatou: "Ninguém ensinou Audrey a desenhar. Ela sempre foi capaz de pintar quadros bonitos que apenas artistas de verdade pensariam em criar. Ela parece estar acima de sua idade quando desenha e na maneira exata como combina as cores. Sua arte é deslumbrante!".

Como vê, a mãe de Audrey apoia bastante o trabalho artístico da filha. Com o incentivo de Rosa, é muito provável que Audrey floresça como uma artista confiante e bastante qualificada.

Um aspecto encantador das Crianças Cristal é o fato de elas se entreterem com itens comuns. Enquanto as gerações anteriores pareciam depender de brinquedos caros e elaborados para mantê-las felizes, as Crianças Cristal ficam contentes com uma flor, um cãozinho, caneta e papel ou um céu iluminado pela Lua. A mesma coisa acontece com sua arte. Não são necessários kits de artesanato caros. De fato, esta é uma geração de crianças que apreciam a simplicidade e os princípios. Que original!

Por exemplo, Jacob Daurham, de 7 anos, fazia trilhas no deserto perto de sua casa e encontrava "tesouros" para criar artesanatos. Ele trazia para casa ferraduras velhas, dormentes de madeira para vias férreas e quaisquer outras coisas que pudesse usar. Depois, ele criava suas próprias maquetes para projetos de artesanato e as construía.

## Florescendo atores de teatro

As Crianças Cristal podem não falar muito, em especial quando são pequenas. Porém, são pessoas muito expressivas! Elas expressam emoções fortes e opiniões com os olhos, movimentos do corpo, músicas e trabalhos artísticos. Elas também se expressam por meio das artes dramáticas. Não o tipo de teatro-drama temperamental com rei e rainha. Não, as Crianças Cristal usam a dramatização como forma lúdica de expressão, da mesma forma que as pessoas deviam gostar das produções de Shakespeare produzidas antes do aparecimento do rádio e da televisão. Essas crianças nos levam de volta às nossas raízes.

Muitos pais e avós ouvidos para a composição deste livro comentaram que suas Crianças Cristal não demonstraram timidez diante do público. A maioria era como Victoria, de 3 anos, a respeito de quem sua avó comentou:

> "Victoria tem uma postura e uma autoconfiança sem limites. Ela faz ginástica e aulas de dança desde 1 ano de idade. Ela adora se movimentar, em especial dançar. Nunca apresentou timidez ou medo do palco, mesmo que a audiência seja formada por centenas, milhares ou algumas poucas dúzias de pessoas. É sempre um prazer assisti-la dançar ou fazer ginástica, porque se entrega de corpo e alma e fica tão feliz que chega a brilhar. Ela pratica sem cessar, entregue ao prazer da música e do movimento".

As Crianças Cristal trazem divertimento para o ambiente, e uma razão para isso é que são muito animadas. Uma mulher disse que fica encantada com a habilidade de fazer imitações de sua filha de 3 anos. Ela me contou que a menina pode pegar as inflexões mais dramáticas da voz, maneirismos e frases que alguém usa e incorporar esses elementos para imitar a pessoa. "Ela é tão boa que a gente pode reconhecer, de imediato, quem é o imitado. Ela não faz isso de forma pejorativa ou mesmo humorística, mas apenas como uma observação ou para o seu próprio divertimento".

E não são apenas as garotas que gostam de se caracterizar para algum personagem e encenar. As Crianças Cristal do sexo masculino também entram em cena. Catherine Poulton disse que seu filho Kylan, de 5 anos, está sempre adotando um personagem e troca de roupa umas dez vezes ao dia!

Catherine contou: "Estou o tempo todo pegando suas roupas do chão, porque ele tira tudo das gavetas para procurar figurinos para o personagem que está fazendo no momento. Ele também corta suas fronhas de travesseiro, roupas, lençóis ou qualquer coisa que acha útil para criar novos figurinos. Ele adora atuar".

Catherine disse que Kylan também desenha todos os dias e que, em geral, são esboços dos personagens que encena. "Ele inventa seus próprios super-heróis com poderes mágicos. Esses personagens são, muitas vezes, baseados nele mesmo".

É como se Kylan se lembrasse de suas habilidades mágicas e estivesse praticando para o momento em que as Crianças Cristal venham a ser os super-heróis do nosso mundo. Afinal, eles têm o que é necessário!

*Capítulo 10*

# BEBÊS ANJOS

"Encantadora", "Um verdadeiro anjo", "Uma dádiva de Deus". É assim que os pais e avós descrevem suas Crianças Cristal. Embora todo mundo tenha qualidades divinas, essas crianças parecem expressar mais seu eu superior do que as gerações anteriores. Aqui estão algumas características que as Crianças Cristal trazem para o mundo:

*Afetividade*: Esta é outra razão para que a fala tardia, por si só, não seja suficiente para justificar um rótulo de "autismo". Essas crianças são superafetuosas, quase a ponto de serem pegajosas. Pessoas autistas são fisicamente distantes e, com certeza, não são carinhosas.

Mary Marshall observou que seu filho, de 5 anos, parecia ficar mais feliz quando ambos estavam juntos se abraçando e dando risadas. Ele adorava se aninhar no colo da mãe. Mary disse: "Ele era muito pegajoso quando pequeno e, ainda hoje, às vezes, tem este comportamento. Por exemplo, se estamos em um lugar desconhecido ou desconfortável, ele quer que eu o pegue e o abrace e, então, ele enterra sua cabeça no meu ombro".

As Crianças Cristal não limitam sua afeição aos membros da família. Stephanie e Mark Watkeys disseram que seu filho Bryn, de 1 ano e 1 mês, queria beijar a maioria das pessoas que encontrava. Eles explicaram: "Ele é muito amoroso e carinhoso com todos".

***Felicidade e alegria:*** Essas crianças emitem energia positiva pelas expressões faciais, posturas, palavras e ações. É um prazer tê-las por perto, porque contagiam as pessoas que estão à sua volta.

Lauren Stocks comentou que seu filho Carter, de 6 anos, tinha uma conduta muito positiva. Ela disse: "É como se Carter estivesse aqui apenas para amar". Quase que todos os dias, Carter dizia: "Ah, Mãe, está um dia lindo!". E ele a animava quando ela estava para baixo.

Todos comentavam sobre a animação de Carter, que é uma atitude comum das Crianças Cristal. Por exemplo, Taylor, filho de Beth e Michael, teve três babás diferentes. Todas elas disseram a mesma coisa a respeito do menino de 3 anos: "Ele é um espírito brilhante!". Todo mundo dizia que ele aquecia seus corações.

Os pais de Carter disseram: "De modo geral, Taylor é uma criança encantadora, que nos traz nada mais do que alegria e amor. Quando sentimos seu espírito, temos a esperança de que a raça humana encontre a paz, e a violência seja eliminada deste planeta".

Recebi mais histórias que tratavam do aspecto alegria das Crianças Cristal do que qualquer outro. E não pense você que esses pais estão enaltecendo essas crianças porque se trata de suas proles, pois muitas dessas mães e pais têm outras crianças a quem consideram como um desafio. Aqui estão alguns dos comentários que recebi dos pais a respeito de suas Crianças Cristal:

De Nadia Leu, a respeito de sua filha Celeste, de 1 ano e 6 meses:

> "Muitas pessoas dizem que estar com Celeste faz com que elas se sintam mais tranquilas. Muitas vezes, por livre e espontânea vontade, ela vai até as pessoas que estão com algum tipo de sofrimento e senta-se próximo ou brinca com elas".

De Wendy Weidman, sobre sua filha Emily, de 3 anos:

> "Ela é o espírito mais amoroso e cativante que já encontrei. Ela vai até desconhecidos, pega em suas mãos e pode-se sentir o amor que ela emite! É uma pessoa muito sensível, apaixonada e atenciosa".

De Michelle, a respeito de seu filho Robert, de 6 anos:

> "Meu Robert é um 'coração de anjo' de 6 anos de idade. Ele tem amor por todas as pessoas. Ele quer confortar cada pessoa

necessitada que encontra. Se um amigo está machucado, Robert fica cheio de cuidados. Ele quer dar alguma coisa para cada sem-teto que vê na rua. Robert é uma alma carinhosa e amorosa e é como se o Sol irradiasse de dentro dele".

***Amor e respeito pelos idosos:*** Como se sentissem a sabedoria e a tranquilidade que surge com a idade, as Crianças Cristal são atraídas, de forma magnética, pelas pessoas mais velhas. Elas adoram seus avós e também criam vínculo com idosos desconhecidos.

Mary e sua filha Haley, de 3 anos, frequentam uma sorveteria que tem uma área ao ar livre. Durante as três últimas vezes que estiveram lá, várias pessoas idosas estavam sentadas do lado de fora comendo sozinhas. Haley caminhou até cada um dos idosos e sentou-se a seu lado. Ela não falava até que falassem com ela, mas Mary disse que Haley quase abraçava cada um dos idosos. É óbvio que ela percebeu neles a necessidade de amor e companheirismo e ofereceu-se para satisfazê-la.

Na mesma linha, Conchita Bryner contou que seus dois filhos mais novos (um filho de 1 ano e 8 meses e uma filha de 5 anos) eram atraídos por cidadãos idosos como se houvesse uma afinidade especial.

A família de Conchita realizou, há pouco tempo, um tributo pelo aniversário de 10 anos da morte da avó materna de seus filhos. Conchita relembrou:

"Como minha filha mais nova não conheceu a avó, ela me fez várias perguntas sobre ela, antes do tributo. Ela sabia que iríamos levar flores para a sepultura e então fez seu próprio buquê. Para minha surpresa, ela também pediu que seu irmão mais velho escrevesse um poema que ela tinha criado por conta própria. Quando minha filha leu o poema no tributo, meu marido e eu ficamos emocionados. Ela disse para a avó que sentia falta dela e que ela estava em sua alma".

***Perdão e manutenção da paz***: O que o mundo precisa, no momento, é de perdão e compaixão, e as Crianças Cristal são exemplos brilhantes de como dar a outra face. Enquanto seus irmãos e irmãs mais velhos, as Crianças Índigo, têm um espírito guerreiro que os mantêm lutando por causas, as Crianças Cristal adotaram um estilo Gandhi de lidar com conflitos. Por exemplo:

- Gloria Powell-Frederickson, mãe de duas Crianças Cristal e uma Criança Índigo mais velha, disse que, durante conflitos, ela percebia diferenças evidentes entre as gerações. Ela comentou: "Durante as discussões, minhas Crianças Cristal desistem e vão embora, despreocupadas e cheias de perdão. Porém, minha Criança Índigo prefere manter a discussão e lutar até o fim".
- Corbin, de 3 anos, aprendeu sobre resolução de conflitos por meio de sua ligação com a natureza.

Ele sempre falava sobre as árvores e as coisas que elas diziam ou faziam. Sempre que ouvia pessoas falando em um tom de voz negativo, Corbin dizia: "Por favor, falem como as árvores". Ele queria dizer para falarem com gentileza e amor.

- Mei, de 2 anos, nunca batia em nenhum de seus colegas, apesar de eles baterem nela. Ela apenas dizia, de forma incisiva: "Não, não me bata. Eu sou sua amiga!".
- Denise Christie contou que sua filha Alice, de 5 anos, podia ficar muito magoada se alguém fosse cruel ou maldoso com ela: "Alice não compreende o porquê de alguém querer fazer tal coisa. Ela é tão pura que eu acho que nem percebe quando é intimidada".

―――∞―――

As Crianças Cristal emanam amor em todas as suas ações e feitos. Elas são indicadores de que a raça humana está se desenvolvendo acima das disputas e diferenças mesquinhas. Eles são exemplos vivos de como agir a partir do eu superior, e não do ego.

No entanto, as Crianças Cristal não são filhos, em sua totalidade, livres de problemas para seus pais. Pedi aos pais que me contassem sobre os desafios com os quais haviam se deparado com essas crianças. Em sua maioria, foram mínimos os problemas relatados. Mesmo assim, alguns casos foram mostrados de forma repetida, como poderá ser visto no próximo capítulo.

―――∞―――

*Capítulo 11*

# COMER, DORMIR E SER EXIGENTE

Qualquer característica humana pode ser vista sob um aspecto positivo ou negativo. Por exemplo, teimosia também pode ser chamada de tenacidade ou "que não muda de opinião". E assertividade também pode ser chamada de "agressividade". Acho que você sabe o que quero dizer.

Pode ser feita uma observação semelhante, considerando-se as Crianças Cristal em relação às escolhas que fazem. Qualquer pessoa que age a partir de chacras superiores é exigente consigo mesma. Quando as pessoas expõem seu chacra do coração e estão abertas para o verdadeiro amor, elas tendem a atrair (e a ser atraídas por) situações e pessoas com a energia do amor. Uma pessoa de coração aberto é repelida por situações ou relacionamentos que envolvam violência, negatividade, impurezas, barulho ou qualquer coisa que ofenda os ouvidos.

A Lei da Atração sustenta que atraímos pessoas e situações que refletem nossas crenças e pensamentos dominantes. Por exemplo, se acreditamos que as pessoas têm boa índole em sua essência, iremos atrair amigos carinhosos e amorosos.

À medida que percorremos o caminho espiritual, podemos mudar nosso círculo de amigos, a maneira como comemos e fazer outras escolhas de estilo de vida. As novas opções refletem nossa autoevolução. E as Crianças Cristal, que nascem em um ponto avançado do caminho espiritual, atraem e são naturalmente atraídas por situações com as mais elevadas frequências de energia espiritual.

Isso faz com que a Criança Cristal pareça ser exigente ou seletiva. Entretanto, sob um outro enfoque, essa criança pode ser definida como "perspicaz". Uma pessoa perspicaz tem autoestima elevada, e sua preocupação na escolha de amigos, refeições, filmes, empregos e moradias tem como objetivo nutrir suas necessidades do corpo e da alma.

## Dieta e as Crianças Cristal

Assim que imergi por completo nos estudos espirituais, meu apetite por comidas e bebidas mudou quase que de imediato. Recebi uma forte orientação interna para comer mais frutas e vegetais orgânicos e menos produtos de origem animal. Sou uma completa *vegan* (o que significa que não como nenhuma carne, ave, peixe ou laticínios) desde 1997 e sou muito feliz com esta escolha de estilo de vida.

Muitos de meus estudantes, espectadores e leitores relatam ter recebido orientação interna semelhante. Embora possam não ter adotado o veganismo, as pessoas no caminho espiritual, em geral, ingerem menos comidas processadas e evitam carne vermelha, açúcar branco e farinha refinada.

Os anjos dizem que os humanos estão evoluindo para se tornar menos dependentes do ato de comer para obter energia e nutrição. De acordo com eles, primeiro seremos vegetarianos, depois nos tornaremos "adeptos da comida crua (não processada)". Em seguida, vamos mudar para sucos, que são mais fáceis de digerir. Por fim, tornar-nos-emos "respiratorianos" e receberemos toda a nossa nutrição por meio da energia vital, o prana, no ar. Tudo isso vai nos permitir ser mais intuitivos, além de ajudar a nos adaptarmos à mudança no fornecimento de alimentos na Terra, à medida que nos afastamos das comidas processadas e avançamos em direção aos produtos naturais frescos.

Bem, as Crianças Cristal já estão lá. Elas já desenvolveram suas papilas gustativas em níveis bastante elevados. As frutas e vegetais orgânicos não cozidos têm mais energia vital do que qualquer alimento. Portanto, não é de surpreender que as Crianças Cristal prefiram dietas vegetarianas. Entretanto, isso depende de como você analisa a situação.

Alguns pais veem isso como um problema. Por exemplo, uma mãe me contou que luta para conseguir que seu filho de 4 anos coma "refeições normais". Ela vai contra a corrente natural dessas crianças, que é a de "beliscar" refeições menores e mais frequentes, compostas de alimentos saudáveis e sucos. Os nutricionistas dizem que "beliscar" é uma maneira saudável de manter os níveis de açúcar no sangue equilibrados e de evitar compulsão alimentar.

Muitos dos padrões alimentares relatados pelos pais de Crianças Cristal mostram que elas estão em sintonia com seus corpos. Portanto, se os pais compreenderem que as preferências de apetite natural dos filhos se equilibram com suas necessidades nutricionais, então as lutas de poder na hora das refeições não irão ocorrer. Pode-se confiar nas predileções de comidas dessas crianças, a julgar pelas histórias que recebi.

Por exemplo, muitas das Crianças Cristal viraram vegetarianas por conta própria. Jacob, de 7 anos, por exemplo, recusa-se a comer carne – apesar de sua mãe não ser vegetariana e tentar fazer com que ele coma carne.

A principal razão para as Crianças Cristal não comerem carne, peixe ou ave tem a ver com a empatia que sentem pelos animais. Um menino de 2 anos disse: "Comer peixe é ruim porque eles morrem quando são tirados da água". E Shailyn, de 4 anos, e Maia, de 3 anos, se autodenominam vegetarianos porque, segundo eles, não é certo matar animais para comê-los. Mei, de 2 anos, dizia: "Eca, galinha morta", ou "Eca, vaca morta" sempre que via carne de ave ou carne vermelha.

Os pais que se preocupam com as necessidades nutricionais de suas crianças vão ficar satisfeitos em saber que a Associação Dietética Americana (ADA) considera o vegetarianismo como forma saudável e equilibrada de comer. Vegetais, grãos, produtos de soja, nozes (frutas secas oleaginosas) e legumes contêm proteína suficiente para o corpo de uma criança saudável. Muitos dietistas,* nutricionistas e médicos também reconhecem que o vegetarianismo é saudável. Afinal de contas, os produtos animais estão associados a doenças cardíacas, altas taxas de colesterol, obesidade, osteoporose e outros problemas de saúde.

Os pais de Corbin, de 3 anos, recebem, com frequência, elogios pela calma e tranquilidade do filho. Eles atribuem esse temperamento relaxado de Corbin, em parte, à dieta de alimentos orgânicos sem açúcar refinado.

Muitos pais relataram que seus filhos preferem beber as refeições em vez de comê-las. Por exemplo, Kelly, mãe de cinco filhos (três deles Crianças Cristal pequenas), disse: "Minhas crianças são *vegan* e comem pouco açúcar. Elas têm uma dieta muito líquida. Demonstram uma aversão natural à carne e comidas pesadas e pedem água o tempo todo". William, de 3 anos, prefere beber suco a comer comida sólida. Os pais que se preocupam com a dieta dos filhos podem sempre fazer sucos e vitaminas em um liquidificador, com soja ou proteína em pó à base de arroz contendo vitaminas e minerais (disponível na maioria das lojas na seção de alimentos saudáveis ou via Internet).

---

*N.T.: Dietista = esta especialidade, no Brasil, é exercida pelo nutricionista.

Na mesma linha, muito poucas mães relataram que suas Crianças Cristal tenham mamado no peito além do primeiro ano de vida. E a maioria dos pais relatou que a eliminação do açúcar da dieta ajudou a estabilizar o humor e os níveis de energia das crianças. Uma mãe disse que, se sua filha de 5 anos come qualquer coisa contendo chocolate, ela fica agressiva e quase incontrolável.

## Padrões de sono

Em meu levantamento, pedi para que os pais descrevessem quaisquer desafios que tivessem enfrentado com suas Crianças Cristal. De longe, a única resposta mais frequente envolveu padrões de sono. Essas crianças têm alto nível de energia e não querem perder um momento sequer enquanto dormem! Pode ser que elas sejam as precursoras de um estágio superior de evolução, quando a humanidade precisará de menos horas de sono. Não importa a razão, mas com certeza existe algo acontecendo a esse respeito.

As Crianças Cristal são tão sensíveis que qualquer coisa estimulante pode levá-las à insônia. O padrão de sono de Bryn, de 1 ano e 1 mês, é o único desafio enfrentado por sua mãe. Ela disse: "Desde que nasceu ele é muito atento. Bryn absorve tudo à sua volta com grande facilidade. Isso faz com que fique superestimulado e, depois, tenha dificuldade para sossegar e dormir".

Fazer sesta, ou não, é uma decisão muito pessoal. Os pais de Erin descobriram que, quando faz sesta, ela fica acordada a noite toda. Desde que eliminaram suas sestas, Erin passou a dormir durante a noite e parece mais alegre pelas manhãs. Sua mãe disse: "Agora usamos o período da tarde para atividades orientadas, do tipo fazer guloseimas, artesanato ou assistir a um vídeo favorito".

Outros pais disseram que a hora da sesta era essencial. Quando Victoria, de 3 anos, pulava uma sesta, demorava dias para se recuperar de forma a se sentir bem e em sincronia.

Neste quesito, os cuidadores costumam adotar um programa de sono de acordo com os ritmos e necessidades individuais da criança. Para outros problemas relacionados ao sono, os pais adotam algumas soluções exclusivas:

- Colin, de 4 anos, é muito ligado à sua mãe. Ela comentou: "Quando era bebê, e até cerca de um ano atrás, ele acordava chorando logo após eu ter acordado por causa de um pesadelo. Então, comecei uma rotina noturna de visualizar o cordão entre nós como uma corrente, e separei esta em dois dos elos (não me pareceu correto romper uma corda entre nós)". Isso eliminou os despertares durante a noite.
- Uma outra mãe, que tinha feito de tudo para manter a filha na cama, também tentou o "corte do cordão" e disse que houve uma melhora imediata.

Ela comentou: "Quando percebo que as velhas artimanhas da hora de dormir estão voltando, limpo meus chacras e as coisas voltam ao normal! Foi uma descoberta surpreendente para nós!". [Observação: Para cortar os cordões do medo, os quais podem causar problemas, apenas mantenha a intenção e peça aos anjos para cortá-los. Isso é tudo o que é necessário. No entanto, se quiser detalhes sobre o "corte do cordão", por favor consulte meu livro *Chakra Clearing* (publicado pela Hay House)].

- Robin Rowney é mãe de filhos gêmeos (Crianças Cristal) que não dormiam a noite toda quando bebês. Uma noite, exausta, sem dormir por causa dos filhos, Robin rezou com desespero, pedindo ajuda. Logo, ela percebeu um som vindo do berço de seu filho Zack. Como pensou que ele estivesse acordando de novo para mamar, parou para ouvir se ele iria começar a chamá-la. Ela olhou por cima do berço e notou uma luz cada vez mais brilhante pairando em torno do berço. No mesmo instante, Robin constatou que Zack estava, na verdade, rindo. Ela chegou mais perto para ter certeza de que era uma situação real, e as risadas ficaram tão altas que ela pensou que Zack fosse acordar o irmão.

Robin disse: "A luz parecia uma bruma amarelo-ouro. Não tinha um formato definido, mas eu sabia, do fundo do meu coração e de minha alma, que aquilo era um dos anjos de Zack. Um sentimento de calma e paz se apoderou de nós". Robin e seus meninos passaram a dormir muito bem depois disso.

- Por um tempo, Shailyn, de 4 anos, recusou-se a ir para a cama. Sua mãe, então, começou a lhe dar tratamentos de energia Reiki ao colocá-la na cama, dizendo: "Agora, vou te colocar na cama com uma linda luz dourada, e os anjos estão aqui para te proteger e ficar com você". Shailyn passou a ir para a cama sem fazer birra.
- A mãe de Cristal descobriu que, se sua filha comesse açúcar próximo da hora de ir para a cama, ela não dormia. Portanto, o açúcar a essa hora da noite foi eliminado, assim como os problemas com o sono.
- Haley andava atormentada com pesadelos sobre bruxas e imagens sombrias e, então, sua mãe a ensinou como limpar seu espaço de energia. Haley passou a dizer para qualquer um dos espíritos indesejáveis: "Se você não vem por parte de Deus, deve ir embora!". Haley também passou a visualizar uma bolha de luz branca em volta da casa, junto com uma cúpula dourada de proteção. Isso aliviou os pesadelos e fortaleceu a pequena Haley.
- Kathy DiMeglio usou um programa combinado para ajudar sua filha Jasmyn a dormir. Kathy contou que os problemas de sono de Jasmyn resultaram de uma conjunção do medo de ser ferida

durante a noite e a ansiedade da separação dos pais. Então, Kathy começou a tocar a fita de áudio *Limpeza dos Chacras* à noite (muitos pais acham que isso acalma, além de limpar, com rapidez, a energia dos ambientes). Ela também passou a orar com a filha e a falar sobre os arcanjos na hora de dormir. Depois, Kathy levou Jasmyn a uma loja para escolher um bicho de pelúcia para dormir com ela. Mais tarde, Kathy cortou os cordões do medo para sua filha. Jasmyn passou a dormir muito bem e seus pais não se preocuparam mais com o problema.

## Treinamento do penico

Não houve um padrão claro a respeito de treinamento de toalete para as Crianças Cristal. Alguns pais disseram que foi muito fácil e que as crianças aprenderam praticamente sozinhas como fazer. Entretanto, outros pais ainda estão lutando.

A mãe de Abbie relatou que sua filha não tinha pressa com a maioria das coisas. Ela disse: "Abbie falou mais tarde que a maioria, andou depois de seu primeiro aniversário e se *recusou* a aprender a usar o penico até ter mais de 3 anos".

Uma outra mulher me contou que o treinamento de toalete de seu filho foi desafiador, porque ele quer fazer tudo sozinho. Ela comentou: "Ele é muito teimoso e quer fazer do treino do penico um desafio. Ele tem bastante consciência da habilidade de como fazê-lo. Porém, é ele quem escolhe seus próprios caminhos e o momento certo".

Os pais disseram que dar explicações claras a suas Crianças Cristal ajudou-as a entender a importância do uso do toalete. Algumas Crianças Cristal se recusam a obedecer até compreender a razão.

## *Meticulosa ou superorganizada?*

As Crianças Cristal são artistas Feng Shui treinadas de maneira intuitiva, e sabem que desorganização cria dissonância energética? Ou, apenas, estão propensas ao perfeccionismo neurótico? Mais uma vez, eu optaria pela resposta que sinaliza o progresso espiritual. No entanto, quando vive, de fato, com uma Criança Cristal que insiste que tudo seja *exatamente assim*, você concordará com a última explicação, durante os momentos de frustração.

Recebi dezenas de histórias sobre a capacidade de organização das Crianças Cristal e as peculiaridades em relação aos seus quartos, pertences e roupas. Por exemplo, Hannah, de 7 anos, é muito exigente no que diz respeito ao conforto de suas roupas. Suas meias e sapatos devem estar posicionados de forma perfeita, e suas roupas devem estar macias, pois, do contrário, não as usa. Crianças muito ligadas à natureza preferem ficar nuas a usar roupas.

As Crianças Cristal gostam de quartos arrumados e organizados e, algumas delas, não se importam de fazer elas mesmas a arrumação. Victoria, de 3 anos, mantém seu quarto muito organizado, o que não é uma tarefa pequena considerando-se as pilhas de brinquedos, roupas, livros e bichos de pelúcia que possui.

As Crianças Cristal também se divertem ao organizar seus brinquedos durante os momentos reservados para brincar. Por exemplo, Taylor, de 3 anos, adora alinhar seus blocos e brinquedos em formas de cruzes, aviões ou letras do alfabeto. Uma vez, ele colocou todos os brinquedos em linha contínua por toda a casa. Quando ele acabou de montar, exclamou: "Está lindo!".

Mei, de 2 anos, gosta de separar coisas por categorias, como agrupar bonecas-bebê e bonecas-mamãe. Ela adora colocar seus modelos de dinossauro em uma fila longa, que vai do menor para o maior.

Às vezes, as tendências organizacionais da Criança Cristal beiram o perfeccionismo. Por exemplo, William, de 3 anos, não usa o lápis de cera se estiver quebrado e não come comida que esteja "bagunçada" com molho. E Jacob, de 7 anos, insiste em colocar os blocos de construção em posições precisas.

Mais uma vez, tudo depende de como se vê a situação. Pode-se chamar isso de perfeccionismo, que tem uma conotação negativa. Gosto da maneira como Wendy Eidman emprega o termo "criatividade elevada" ao descrever sua filha Emily, de 3 anos. Wendy relatou:

> "A capacidade de atenção de Emily é diferente de qualquer coisa que já testemunhei. Ao colorir ou brincar, ela entra em sintonia, e nada irá atrapalhá-la até que acabe. Isso funciona a meu favor, quando pegamos

pinhas no quintal. Temos aquele pinheiro gigante de onde caem centenas de pinhas no outono. Quando pegamos pinhas, Emily cumpre a tarefa melhor do que ninguém na família. Meu filho fica entediado em cinco minutos, porém, uma hora mais tarde, Emily ainda está lá catando as pinhas!

Ela fica incomodada quando deixa um trabalho inacabado. Um dia, após termos limpado o quintal, ela estava brincando na balança e, de vez em quando, espionava uma pinha perdida que havia escapado de sua atenção. Ela saía do balanço ou parava de jogar basquete ou qualquer outra coisa que estivesse fazendo para ir até a pinha, pegá-la e colocá-la no carrinho! Emily faz tudo pela consistência. Ela gosta de saber o que esperar, e gosta de ter as coisas da mesma maneira, todo o tempo.

Emily fica triste, por exemplo, se o irmão decide que quer sentar no lugar dela no jantar, esse tipo de coisa. Todas as noites, à mesa, temos a mesma conversa. Ficamos de um lado para o outro na mesa, perguntando uns aos outros: 'Então, como foi o seu dia?'. Em geral, meu marido Kirk responde: 'Meu dia foi muito intenso'. Porém, em uma outra noite, Kirk respondeu: 'Meu dia foi muito ocupado!', e Emily ficou chateada.

Ela disse: 'Não, Papai. Seu dia foi muito intenso!'".

As Crianças Cristal gostam de consistência. Em um mundo onde tudo parece em movimento, quem pode culpar as crianças por quererem estabilidade e previsibilidade? Soa bastante natural para mim!

## Criando seu tempo

No novo mundo, não vamos orientar nossas vidas por meio de relógios e calendários. Usaremos um tempo interior para dirigir nossas ações. É por meio da sincronicidade, e não de compromissos, que chegaremos ao lugar certo, na hora certa.

Bem, as Crianças Cristal já são regidas por relógios internos, em vez de mecanismos externos de orientação do tempo. Isso pode ser frustrante para os pais que precisam manter uma escala predefinida de horário. Uma coisa é certa: os pais de Crianças Cristal devem ter bastante paciência, e esta é uma das lições aprendidas, por nós adultos, com a ajuda dessas crianças.

> *Crianças Cristal já são regidas por relógios internos, em vez de mecanismos externos de orientação do tempo.*

Jennifer contou que seu filho Jacob, de 7 anos, tem um ritmo próprio e não se apressa para nada, nem para ninguém. Jennifer disse que Jacob não possui mente lenta, mas apenas faz coisas de forma deliberada porque quer essas coisas feitas de uma maneira específica. Ele funciona a partir de seu próprio planejamento, e não de outros.

Abbie, de 3 anos, funciona da mesma forma. Sua mãe comentou: "Ela faz coisas no 'tempo da Abbie', e não no momento que sua professora da pré-escola quer. Ela odeia horários predefinidos e prefere ser um espírito livre. Não sei como será com seu período escolar". Cristal, mãe da Zoey, de 3 anos, disse: "Acho que é preciso ter bastante paciência com as Crianças Cristal, porque elas são almas antigas que passam seu tempo olhando e inspecionando tudo, para então nos dar opiniões sobre o que pensam. Zoey fica sentada até que descubra como amarrar seus sapatos, abotoar suas roupas, pentear seu cabelo, e coisas do tipo. Tento manter um nível elevado de paciência, porque entendo sua necessidade de ter seu próprio tempo. Ela nunca tem pressa e não gosta que a apressem".

As Crianças Cristal sabem que é mais saudável permanecer centradas e calmas do que ficar ansiosas, com medo de estarem atrasadas. Elas já sabem que o tempo não é real, e que é possível determiná-lo e alterá-lo, de forma que sempre vamos chegar na hora, mesmo quando as aparências sugiram o contrário.

## *Ligação profunda e a necessidade de atenção*

As Crianças Cristal têm uma ligação especial com um ou mais pais ou avós, quem quer que possa compreendê-las de maneira profunda. Uma vez criada a ligação, a Criança Cristal não gosta de ficar longe dessa pessoa. Elas ficam dependentes desse adulto para conforto, compreensão e carinho. Essas crianças podem desenvolver ansiedade de separação, porque temem que outras pessoas não as compreendam. E, como as Crianças Cristal também podem temer que outras crianças ou adultos sejam malvados, elas tentam evitar sofrimentos, ficando com um adulto de confiança.

Timothy disse que sua filha Julia, de 6 meses, sempre queria ficar no colo. Ele relatou: "Não podemos deixá-la nem por um minuto".

Pam contou que sua filha Hannah, de 4 anos, "veio com grandes problemas de abandono. Ela não quer ficar sozinha de jeito nenhum, em especial quando tem de ficar longe de mim".

Alguns pais acreditam que exista um fundo metafísico nesse grude aparente. Carri Lineberry contou que sua filha Maia, de 3 anos, é bastante apegada a ela. Carri disse: "Sinto que minha relação com ela é muito importante. Eu me vejo como uma 'força de aterramento' para ela, ou algo parecido".

*Capítulo 12*

# Conselho de Pais, Professores e das Próprias Crianças Cristal

Como pai, avô ou professor de uma Criança Cristal, você tem uma missão sagrada e vital. Você foi contratado, de forma espiritual, para guiar essa alma, ao longo de seu delicado ato para equilibrar e preservar a elevada frequência espiritual, utilizando dons de telepatia e sensibilidade surpreendentes... enquanto, ao mesmo tempo, ela assimila a vida terrena. Sua tarefa não é fácil, mas você tem muita ajuda de anjos celestiais e terrestres.

As pessoas que entrevistei para este livro estavam felizes em poder passar adiante seus conselhos, testados e aprovados, com base em suas próprias experiências pessoais.

***Anjos e oração***: Cynthia Berkeley disse que achava muito eficaz pedir ajuda de forma mental aos anjos guardiões de suas crianças para aquietá-las e acalmá-las, quando ficam muito irritadas, e em particular quando ela está dirigindo.

***Entenda que elas são visuais***: pessoas com o lado direito do cérebro dominante têm memória visual em vez de memória baseada na linguagem. Por exemplo, elas memorizam como soletrar as palavras por meio do olhar e não por meio do som fonético. Catherine Poulton disse que isso a fez lembrar que seu filho Kylan, de 5 anos, processava as informações de forma diferente. Quando tinha 2 anos, Kylan se esforçava para lembrar o alfabeto, mas um dia, ao folhear uma revista, ele parou e apontou para uma foto. Afirmou de maneira correta: "Este é George Washington". Foi quando Catherine percebeu a extensão do processamento visual de Kylan.

***Explique, não force***: Forçar uma Criança Cristal apenas leva a uma disputa de poder. Pam Caldwell disse que sua filha Hannah, de 4 anos, é muito amável e de fácil convívio... a menos que alguém tente forçá-la a fazer algo contra sua vontade. Pam descobriu que funcionava melhor falar com Hannah como se ela fosse um adulto, com uma linguagem apropriada para a idade, e comentou: "Uma vez explicada a lógica por trás disso, Hannah concorda ou chega a uma solução melhor".

Penny, mãe de uma Criança Cristal, concordou: "Permitam que elas sejam diferentes e não as force aos moldes 'normais'. Não as force a falar, uma vez que é possível se comunicar com suas crianças de forma mais instintiva. Elas vão falar quando estiverem prontas, quando sentirem a necessidade de se expressar de forma verbal. Isso, em geral, acontece quando elas interagem com outras pessoas que parecem não compreender o modo peculiar de se comunicar dessas crianças".

*Criação do apego*: Vários pais entrevistados definiram a "Criação do Apego" como um estilo de educação que foi bastante útil para suas Crianças Cristal. A Criação do Apego (*Attachment Parenting*) é uma filosofia que recomenda aos pais que tenham uma ligação física e emocional mais forte com suas crianças, por meio de uma postura sensível e receptiva quando a criança chora, ao amamentar o bebê no peito, ao carregar o bebê no porta-bebê canguru, ao dormir com a criança e proporcionando um ambiente doméstico agradável. Muitos livros e sites da internet discutem sobre este estilo de criação.

*Introduza animais nas situações de mau comportamento*: Aqui está uma ideia inteligente de Misty: "Sempre que minha filha Leah, de 2 anos, se comporta mal, digo a ela: 'Os gatos estão de olho em você!'. Isso a acalma de imediato". Leah não gostaria de perder o respeito dos felinos!

*Viva e deixe viver*: Melissa, mãe de Liam, de 7 anos, comentou: "Não sou severa. Não sou um carrasco. Permito que meu filho seja quem ele é. Liam sabe, por instinto, quais são as tarefas a ser realizadas e ele as cumpre. Não tem discussão nem gritaria. Sou honesta e franca, e ele retribui da mesma forma. Somos uma família carinhosa, descontraída e feliz, e somos funcionais em nossas disfunções".

Outra mãe, chamada Sue, concordou: "Essas crianças precisam de liberdade de ação. Quando chegam da escola irritadas é porque se sentiram enjauladas. Elas precisam de liberdade para aflorar seus sentimentos".

*Cuide-se*: Kathy disse: "Os pais de Crianças Cristal precisam incluir ioga ou meditação em sua própria rotina e ter momentos de reflexão silenciosa para terem consciência de sua própria orientação divina. Mantenha um diário. Escreva cartas para suas Crianças Cristal, pois serão úteis não apenas como um presente maravilhoso quando elas forem mais velhas, mas também como um meio de manter um registro dos acontecimentos miraculosos que ocorreram ao longo dos anos".

*Converse, não dê ordens*: Cristal contou que sua filha Zoey, de 3 anos, se comporta mal quando ela sente que alguém a trata como uma criança ou lhe dá ordens. É importante que, nas discussões com Crianças Cristal, seja usado o mesmo nível de respeito concedido a um amigo querido.

*Entoação e mantra*: Sue, que é mãe de duas Crianças Cristal, disse que ela e o marido Darren passaram a entoar mantra todas as noites, na hora dos filhos irem para a cama. As crianças começaram, inclusive, a pedir por isso: "Mamãe, você pode, por favor, entoar aquele coisa, oohhh, para mim?".

***Educação escolar***: Os pais que podem proporcionar ensino em casa, ou mandar seus filhos para escolas Waldorf ou Steiner, relataram um grande sucesso com o nível potencial de aprendizado e satisfação das crianças.

A mãe de uma Criança Cristal, de 4 anos, disse que o filho frequentava um jardim da infância de educação Waldorf, e que ela notou mudanças positivas nele em relação à autoestima, à noção de ordem social e à imaginação. (Para informações sobre escolas Waldorf e Steiner, por favor, entre nos sites: **awsna.org** – América do Norte, **steinerwaldorf.org.uk** – Reino Unido, **steiner-australia.org** – Austrália. Consulte diretórios da Internet para outros países).

Se os horários ou orçamentos não permitem essas opções, Michelle serve de grande exemplo ao ter adotado outra abordagem. Ela disse que seu filho Robert, de 6 anos, estava muito à frente de muitos de seus colegas de classe. "Ele é muito inteligente e curioso; então, além da escola tradicional, adotamos uma educação extensiva em casa". Michelle contou que Robert gostava de qualquer coisa que fosse criativa e lidava bem com estrutura e horários. Muitos pais disseram que, ao ajudar seus filhos com o estudo, os resultados foram imediatos.

***Meditação***: Catherine, mãe de Kylan, de 5 anos, disse: "Meu filho adora meditar e orar".

***Exercícios orientais***: Tai chi, qi gong, ioga e karate são opções maravilhosas para a energia da juventude, além de ser boas ferramentas para ensinar as

Crianças Cristal a trabalhar com sua própria energia, e também a dos outros.

Kylan, filho de Catherine, adora suas aulas de karate. Ela explicou: "O karate ensina ele a usar sua força interna com eficácia. Ele tem um grande professor e eles não treinam com o objetivo de competir. Além disso, o karate ensina Kylan a construir um campo de força protetor em volta de seu corpo, para que possa ter empatia pelas pessoas sem absorver coisas delas (ele é muito sensível). Ensina, ainda, grandes fundamentos e exercícios de compensação".

**Preste atenção e diga a verdade**: Denise, mãe de Alice, de 5 anos, relatou: "Sempre preste atenção. Essas crianças não gostam de ser ignoradas. Nunca mascare a verdade ou minta, pois elas percebem cada uma dessas mentiras e podem ficar chateadas com você. Nunca quebre uma promessa, pois é muito importante para elas que você mantenha sua palavra".

**Paciência**: Andrea, mãe de Abbie, de 3 anos, aconselha os pais a ter paciência com suas Crianças Cristal. Andrea disse: "Elas não são como as outras crianças e é provável que tenham muito mais a oferecer se lhes for dada a chance, ou seja, não as medique para que elas sejam do jeito que a sociedade acha que as crianças devem ser".

**Regularidade**: Muitos pais disseram que suas Crianças Cristal têm mais disposição com horários regulares para comer e para dormir. Estudos mostram que elas se sentem seguras quando sabem o que as espera. Mary, mãe de filhos com 5 e 6 anos, disse:

"Levar meus filhos para a cama, à mesma hora, todas as noites, rodeados de bastante afeto, faz uma diferença positiva".

***Aprender com eles:*** Cynthia, mãe de duas Crianças Cristal, nos lembra que elas são nossos professores. Cynthia disse: "Nós podemos ensinar essas crianças como lidar com a realidade tridimensional e como jogar o jogo, mas elas, na verdade, estão aqui para nos ensinar muito mais do que isso. Se você não fala a verdade, as crianças sabem. Se espera que elas sejam levadas, adivinhe? Elas serão. Observe sua própria integridade e expectativas. Elas podem fazer uma leitura de você, da mesma forma que se lê um livro e, depois, 'jogar' com essa informação".

***Visualização***: Visto que as Crianças Cristal são extremamente visuais, você pode ajudá-las a lidar com seus humores e a manifestar suas intenções por meio de exercícios de visualização. Apresentamos aqui uma maravilhosa atividade que Rosie Ismail, uma professora de escola primária na Inglaterra, usa em sua sala de aula. Ela explicou:

> "Durante os últimos quarto anos, trabalhei com curas e cores, usando visualizações na minha vida pessoal. Quando percebi que a visualização da cor rosa surtia efeito, comecei a introduzir isso em minha sala de aula e observei como os resultados eram maravilhosos e eficazes para as crianças pequenas. A cor rosa é um tom delicado e curativo que traz paz e harmonia para si e para os outros.

Chamo esta simples técnica de visualização de 'A Luz cor-de-rosa Mágica'. Peço para as crianças fecharem os olhos e fazerem cinco ou seis respirações junto comigo, liberando o ar, de forma lenta, na expiração. Em seguida, peço para visualizarem a luz cor-de-rosa mágica a partir da ponta dos pés e subindo, dando voltas em torno do corpo. Digo a elas que não importa se não conseguem visualizar a luz cor-de-rosa mágica, mas que é poderosa e que devem apenas pensar nela. Digo a elas que imaginaem essa luz cor-de-rosa como sendo mágica e que a visualizem em volta de seus corpos, como um cobertor que aquece. Peço que façam um pedido para essa luz cor-de-rosa mágica e, para terminar, duas respirações profundas. Depois, oriento as crianças a abrir os olhos, esticar os braços e dizer: 'Isso fez bem!' Acho que elas ficam muito mais calmas, alegres e amáveis depois das visualizações."

***Assistência Energética***: Essas crianças psíquicas sensíveis precisam da nossa assistência! Elas são como esponjas que absorvem as energias das outras pessoas (incluindo os pais bem-intencionados). David Morelli é um psíquico profissional que dá aulas sobre espiritualidade para crianças no *Psychic Horizons Center,* em Boulder, no Colorado – Estados Unidos.

Ele também trabalha como professor em uma escola Montessori. David diz:

"Um dos métodos que uso com as crianças, em minha aula, consiste em pedir que imaginem uma bolha entre suas mãos, coloquem a energia 'desagradável' na bolha e batam as palmas uma contra a outra, para estourar a bolha. As crianças podem colocar a energia de qualquer coisa – de seus pais, professores ou amigos – em uma bolha e estourá-la. Depois que fazem suas bolhas e as estouram, peço que imaginem uma energia alegre, dourada, em cima de suas cabeças preenchendo seus corpos por inteiro. Isso coloca energia nova de volta para dentro, substituindo as outras energias".

*Apenas ame-as:* Gloria, que é mãe de duas Crianças Cristal e uma Criança Índigo, questionou a educação padrão quando comentou:

"Aprendi que amor é a coisa mais importante que existe. É importante ser paciente e criativo. Tenha em mente que não estamos aqui, nesta Terra, para ensinar matemática. Sorrir e dar risadas com seus filhos é apenas o melhor sentimento que existe. Portanto, faça isso! Quando o leite derramar no chão, faça caretas engraçadas. Quando chover lá fora, dance com seus filhos. Ame, ame, ame-os!".

**Vindo da boca dos bebês**

Várias Crianças Cristal também oferecem palavras de sabedoria para os adultos:

Audrey, de 5 anos: "Gostaria que este livro fizesse com que as pessoas nos compreendessem".

A mãe de Cristal, de 6 anos, perguntou-lhe o que gostaria de dizer às pessoas e ela respondeu: "Amem. Amem, ajudem as pessoas e sejam bondosos".

Robert, de 6 anos: "Tudo o que eu posso dizer é que desejo a todos no universo (se houver vida em outros planetas) que tenham uma vida boa, um bom coração e boa comida. A todos vocês, adultos, que ajudem as Crianças Cristal. Vocês devem protegê-las, brincar e ler com elas".

Quando a mãe de Colin, de 4 anos, perguntou o que ele gostaria de dizer às pessoas, ele respondeu: "que Deus e os anjos estão sempre com elas, mesmo quando têm medo".

Haley, de 3 anos: "Peço para os meus anjos me trazerem sonhos cheios de luz, antes de ir para a cama, quando faço minhas orações".

Hannah, de 7 anos: "O pote de ouro desaparece no final do arco-íris. Portanto, agradeça o que você tem".

Jacob, de 7 anos: "Para o futuro, todos precisam saber que voltarão depois que morrerem".

Kylan, de 5 anos: "Gostaria de falar sobre o planeta, que nele há amor, alegria e um coração. As pessoas podem se ajudar colocando adesivos com dizeres em suas paredes do tipo 'para ser feliz'. O adesivo deve dizer SEJA FELIZ!".

# Leitura Recomendada

### Comunicando-se com o Arcanjo Gabriel
Para Inspiração e Reconciliação

*Richard Webster*

Os anjos são mensageiros de Deus. Eles são responsáveis por cuidar dos seres humanos em nome do Pai, vigiando, amparando e observando as boas e as más ações de seus protegidos. Cada ser humano, de acordo com os primeiros sacerdotes cristãos, recebe um anjo guardião em seu nascimento. Esse anjo fica responsável por aquela pessoa e adquire sentimentos de amor por ela.

### Comunicando-se com São Miguel Arcanjo
Para Orientação e Proteção

*Richard Webster*

Partindo do princípio de que os anjos são os mensageiros diretos de Deus, em *Comunicando-se com São Miguel Arcanjo* Richard Webster, um estudioso de metafísica, mostra a relação do ser humano com esses seres iluminados nas tradições cristã, judaica e islâmica.

### Comunicando-se com o Arcanjo Rafael
Para Cura e Criatividade

*Richard Webster*

O que são arcanjos? Qual a função deles? Como eles podem interferir em nossa vida?
Essas são apenas algumas questões a respeito de seres enigmáticos que são descritos e retratados há milhares de anos por pessoas que afirmam ter tido a oportunidade de comunicar-se com eles.

### Comunicando-se com o Arcanjo Uriel
Para Transformação e Tranquilidade

*Richard Webster*

Considerado o mais acessível de todos, Uriel é o arcanjo da Lua, o anjo da profecia, da percepção e um poderoso agente de transformação.

www.madras.com.br

# Leitura Recomendada

## Crianças felizes, você feliz
### O Uso da PNL na Educação de seus Filhos
*Sue Beever*

Cada criança, assim como cada situação familiar, é diferente, e criar os filhos é uma jornada de mudanças constantes. Não existem respostas corretas, apenas o que funciona para você e sua família. Este livro dará a você um conjunto de métodos práticos de PNL (Programação Neurolinguística) flexíveis o suficiente para cobrir todas as situações.

## Poder Índigo e Evolução Cristal
### Autoconsciência Índigo para Jovens e Adultos
*Tereza Guerra*

Depois do sucesso de vendas de *Crianças Índigo – Uma Geração de Ponte com Outras Dimensões... no Planeta Índigo da Nova Era* (Madras, 2006), Tereza Guerra, a maior especialista portuguesa em Educação dos tempos modernos, debruça-se sobre a autoconsciência índigo para jovens e adultos.

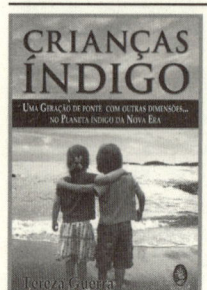

## Crianças Índigo
### Uma Geração de ponte com outras dimensões... no Planeta índigo da Nova Era
*Tereza Guerra*

Todos associam o termo "criança" à fase da infância, e "índigo", à cor anil. Porém, quando se faz a junção desses termos, o significado adquire um sentido mais amplo, ou seja, as crianças índigo popularizadas pelo escritor Lee Carroll, em meados dos anos de 1990, que possuem capacidades intelectuais e comportamentais peculiares.

## Crianças Índigo
### Uma Nova Consciência Planetária
*Sylvie Simon*

Chegamos a uma época em que devemos escolher entre a sobrevivência da Terra e a pilhagem cotidiana de suas riquezas, e esta obra faz o balanço disso. Ao mesmo tempo, observamos o surgimento de crianças que pensam e agem fora das normas, contestam nossas instituições e são apaixonadas pelas tecnologias modernas.

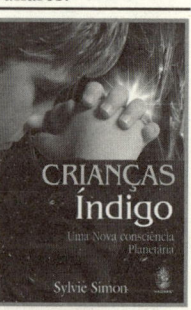

www.madras.com.br

# MADRAS® Editora — CADASTRO/MALA DIRETA

*Envie este cadastro preenchido e passará a receber informações dos nossos lançamentos, nas áreas que determinar.*

Nome _____
RG _____ CPF _____
Endereço Residencial _____
Bairro _____ Cidade _____ Estado ____
CEP _____ Fone _____
E-mail _____
Sexo ❏ Fem. ❏ Masc.    Nascimento _____
Profissão _____ Escolaridade (Nível/Curso) _____

Você compra livros:
❏ livrarias   ❏ feiras   ❏ telefone   ❏ Sedex livro (reembolso postal mais rápido)
❏ outros: _____

Quais os tipos de literatura que você lê:
❏ Jurídicos   ❏ Pedagogia   ❏ Business   ❏ Romances/espíritas
❏ Esoterismo  ❏ Psicologia  ❏ Saúde      ❏ Espíritas/doutrinas
❏ Bruxaria    ❏ Autoajuda   ❏ Maçonaria  ❏ Outros:

Qual a sua opinião a respeito desta obra? _____
_____

Indique amigos que gostariam de receber MALA DIRETA:
Nome _____
Endereço Residencial _____
Bairro _____ Cidade _____ CEP _____

Nome do livro adquirido: ***As Crianças Cristal***

Para receber catálogos, lista de preços e outras informações, escreva para:

**MADRAS EDITORA LTDA.**
Rua Paulo Gonçalves, 88 – Santana – 02403-020 – São Paulo/SP
Caixa Postal 12183 – CEP 02013-970 – SP
Tel.: (11) 2281-5555 – Fax.:(11) 2959-3090
www.madras.com.br

Este livro foi composto em Minion Pro, corpo 14/15,5.
Papel Offset 75g
Impressão e Acabamento
Orgráfic Gráfica e Editora — Rua Freguesia de Poiares, 133
— Vila Carmozina — São Paulo/SP
CEP 08290-440 — Tel.: (011) 6522-6368 — orcamento@orgrafic.com.br